**Kochbuch der
baltischen Esskultur**

Verena Meyer zu Eissen
Susanne Adam-von Haken

ISENSEE VERLAG
OLDENBURG

Kochbuch der baltischen Esskultur

Verena Meyer zu Eissen
Susanne Adam-von Haken

Vorwort	6
Baltikum: Historie	12
Baltikum: Heute	16
Baltische Küche	20

Sakuska:

Kleine Piroggen	28
Fleischpiroggen	30
Killo in Kapottchen	32
Feines Knäckebrot	34
Mürbeteig-Salzstangen	36
Pikantes Stroh	38

Suppen:

Borschtsch	46
Feine Rinder-Boullion	48
Pilzsuppe	50
Grüne Suppe	52
Kalte Rote Bete Suppe	54
Kalte Gurkensuppe	56
Sauerkraut-Suppe mit Kümmel	58

Osterbräuche:

Pascha	64
Russische Eier – Eierkicksen	66
Hefezopf	68
Blinis – Kalte Heringssoße	70

Fischgerichte:

Rossol oder Rossolje	76
Fischpastete	78
Fischauflauf	80
Kulebjaka	82
Geflochtener Meereszauber	86
Sauce Vert	86
Gekochte Krebse	92

Fleisch- und Geflügelgerichte:

Bœuf à la Stroganoff	100
Kalbsbraten	102
Komm-Morgen-wieder	106
Hühnerfrikassee	108
Rehterrine mit verstecktem Hasen- oder Rehfilet	110
Flickerklopse	112
Pelmenie und Kolduny	114
Kohlpirogge vegetarisch	116

Inhalt

Johanni:

Johannikäse 128

Süße Desserts:

Kissel 140
Rosa Manna oder
 Himmelsspeise 142
Schmalunz 144
Bubbert 146
Goggelmoggel 148
Mannaflammerie 150
Schwarzbrotspeise 152
Mannakröpeln 154
Buchweizengrütze
 mit Backpflaumen 156

Backwerk:

Geburtstagskringel 166
Alexandertorte 168
Kümmelkuckel 170
Stopfkuckel oder
 Fastnachtskuchen 174
Studescher Stachelbeerkuchen 178
Erbsentorte 180
Schmandbonbons 182

Weihnachtsbräuche:

Pfefferkuchenplätzchen 188
Kruxidullchen 190

Eigene Notizen 192
Quellen 198
Impressum 200

Wie es dazu kam, dieses Kochbuch zu schreiben: Meine Freundin Verena und mich verbindet nicht nur die Freude am Kochen, sondern auch eine andere Gemeinsamkeit. Jeweils ein Elternteil von uns stammt aus dem Baltikum, ihres aus Estland, meines aus Lettland und wir sind beide mit vielen baltischen Gerichten und Geschichten vertraut, die einen nicht zu unterschätzenden Einfluss auch auf unsere Gewohnheiten haben.

Nachdem meine Töchter vor einigen Jahren das häusliche Nest verlassen haben, kamen immer mal wieder Anrufe mit der Frage nach bestimmten Baltischen Rezepten, wie zum Beispiel dem *„Geburtstagskringel"*, der traditionell zu Geburtstagen gebacken wird.

Ein guter Anlass für ein Weihnachtsgeschenk in dreifacher Ausführung, dachte ich mir. Leider stellte ich sehr schnell fest, dass es sehr schwierig werden würde, das alte Standardwerk *„Baltisches Kochbuch"* von *Brigitte von Samson-Himmelstjerna* im Handel sowie antiquarisch zu bekommen. Die Idee war schnell geboren, selbst eine kleine Sammlung für meine Töchter zusammenzustellen.

Nachdem ich Verena davon erzählt hatte, beschlossen wir gemeinsam die überlieferten Rezepte unserer Familien zusammenzutragen und verabredeten Termine, an denen wir sie zubereiteten. Während dieser Events entstanden auch alle Fotos, die den Kochprozess und die fertigen Gerichte darstellen.

Reihum kam unser Freundeskreis in den Genuss, die fertigen Gerichte anschließend zu probieren und dann war das Baltikum geschichtlich, politisch und touristisch häufig das allübergreifende Thema des geselligen Abends.

Zu unserer Rezepte-Sammlung, die sich zunächst ausschließlich auf alte Kochbücher bezog, gesellten sich schließlich geschichtliche Anmerkungen und kleine Ausschnitte baltischer Literatur. Unsere kleine Sammlung wuchs über die Zeit zu einer immer Größeren heran. Bei unseren Recherchen haben wir nach regionalen Unterschieden ausschaugehalten und stießen dabei auf starke Einflüsse der russischen Küche, spürbar war auch die Nähe zu Finnland und Polen.

Vorwort

In der traditionellen baltischen Küche kochte man mit üppigsten Zutaten (man nehme 80 – 100 Krebse), sowie mit einfachsten Produkten wie Rote Bete und Weißkohl, gesammelten Beeren und Pilze. Tierische Fette und Zucker wurde reichlich verwendet. Die Auswahl an Fischrezepten war natürlich groß, liegen doch alle drei baltischen Staaten an der Ostsee.

Zu den uns bereits bekannten Rezepten probierten wir auch solche aus, die uns durch ungewöhnliche eigenwillige Namen aufgefallen waren. Hinter den lustigen Bezeichnungen fanden sich leckere Speisen, die nicht in Vergessenheit geraten sollten.

Einige Rezepte aus der baltischen Küche erfreuen sich inzwischen einer wachsenden Beliebtheit hierzulande, wie *Piroggen* und *Pelminie* und besonders die kalte *Rote Bete Suppe* ist an heißen Sommertagen einfach köstlich.

Inzwischen konnte wir uns auch davon überzeugen, dass in den drei weltoffenen baltischen Staaten einige der uns überlieferten alten Rezepte im dortigen Speiseplan nach wie vor zu finden sind, so wie der anfangs erwähnte Geburtstagskringel, den ich in Riga in der Markthalle entdeckte, er heißt auf Lettisch: *Klingeris ar mandelém*.

54 Rezepte erscheinen jetzt in diesem Buch. Es ist eine bunte Mischung aus traditionellen und aktuellen Rezepten geworden, sie sind alle gut nachzukochen. Der eine kann mit ihnen in Kindheitserinnerung schwelgen und der andere auf Entdeckungsreise gehen und Neues ausprobieren. Die Städte- und Landschaftsfotos machen vielleicht neugierig, einmal selbst die drei modernen Staaten zu entdecken und deren vielseitige Geschichte kennen zu lernen.

Guten Appetit..., Geras apetitas..., Labu apetīti..., Nea söögiisu!

Susanne Adam-von Haken   Verena Meyer zu Eissen

Fleischpiroggen aus Hefeteig

Pascha

Borschtsch

Rossol oder Rossolje

Komm-morgen-wieder

Geburtstagskringel

Rosa Manna oder Himmelsspeise

Kleine Pfefferkuchen

Baltikum um 1721

Baltikum: Historie

Kurzer historischer Exkurs

Wenn man heute von den „*Baltischen Staaten*" spricht, so sind *Litauen*, *Lettland* und *Estland* als unabhängige Länder stolz auf ihre Souveränität und Unabhängigkeit, nachdem eine lange Zeit der Unterwerfung und Fremdherrschaft vorausging.

Im 13. Jahrhundert dringen Schweden, Deutsche und Litauer in das nordwestliche russische Siedlungsgebiet an der Ostsee vor. Die Bekehrung Livlands zum Christentum hatte bereits 1184 begonnen. Der ehemalige *Bremer Domherr Bischhof von Livland* gründete 1201 Riga, stiftete den deutschen Schwertbrüderorden und wird 1207 von *König Philipp von Schwaben* mit Livland belehnt.

Damit beginnt die 700-jährige Geschichte der *Deutschbalten*. Der deutsche Einfluss, besonders der *Hanse* und des deutschen Adels aus Westfalen und dem Rheinland, und die deutsche Kultur beherrschten diese Länder – trotz der zeitweiligen Oberherrschaft der Schweden, Dänen und Polen. Mit dem Ende des *„Nordischen Krieges"* durch den *Frieden von Nystätt* 1721, beginnt die russische Herrschaft über zunächst Livland und Kurland.

Unter der Herrschaft und Politik des Zaren *„Peter dem Großen"* (1672 – 1725) werden den baltischen Ritterschaften großzügige Rechte in Wirtschaft und Kultur eingeräumt, dabei werden der ursprünglichen Bevölkerung der Letten und Esten keine besonderen Rechte und Besitztümer zugesprochen. Ihre Unabhängigkeit wurde sowohl von der russischen Herrschaft wie von den *Deutschbaltischen Familien* nicht in Betracht gezogen. Allerdings sei nicht unerwähnt, dass dem Geiste der Aufklärung die deutschen Pastoren und Lehrer daran wirkten, die einheimische Sprache zu fördern und das Volksschulwesen und das allgemeine Bildungsniveau zu heben. Durch diese Art von Unterstützung und Förderung konnten sich Letten und Esten auf ihre Wurzeln besinnen.

Dieser Zusammenhang wird in einem späteren Kapitel noch Beachtung finden.

Riga Stadtpanorama 19. Jhdt.

Kurland – seit 1561 ein Herzogtum – war von dem nordischen Krieg verschont geblieben, aber stets unter polnischem, später russischem Einfluss, bis es 1794 ganz dem russischen Staatsverband eingegliedert wurde. Seitdem sprach man allgemein von den *„3 baltischen Ostseeprovinzen"* Kurland, Livland und *Estland*. Der deutsche Einfluss blieb bis 1918/19 erhalten. Mit dem Zusammenbruch des Zarenreiches 1917 entstanden 1918 erstmals die beiden unabhängigen Staaten *Lettland* (aus *Kurland* und *Livland*), sowie *Estland*. Im Folgenden nehmen wir Bezug auf diese beiden Staaten, da *Litauen* sowohl aus politischen als auch aus religiösen Gründen eine andere Entwicklung genommen hat. (Litauen ist stark von der polnischen Geschichte geprägt und größtenteils katholisch.)

Diese eigenständige Verwaltung endet im Oktober 1939 mit dem *Ribbentrop-Molotow Vertrag*, auch *Hitler-Stalin Pakt* genannt, indem *Lettland* und *Estland* an die *Sowjetunion* übergeben wurden.

Hitler und *Stalin* hatten beschlossen, die Deutschbalten nach Polen umzusiedeln. Sie verloren ihre bisherige Staatsbürgerschaft und ihr Besitz wurde den Russen übergeben. Anstelle dessen wurde ihnen Besitz in

Der Hafen von Tallinn um 1840, Lithografie von M. Kriegemann

Polen zugewiesen, welchen sie 1945 abermals mit der Flucht vor der sowjetischen Armee verlieren sollten. Die Rückkehr ins Baltikum blieb den Deutschbalten verwehrt, da das Baltikum nach Kriegsende an die Sowjetunion fiel.

Tausende von Deutschbalten verloren ihre Heimat, mussten sich als Flüchtlinge in Deutschland eine neue Existenz aufbauen. Dabei half ihnen die gesellige Gemeinschaft und die Erinnerung an alte Traditionen mit ihren Geschichten und Rezepten, die Anlass gaben über die Vergangenheit zu sprechen.

Der Duft, der durch die Räume zieht, wenn der Geburtstagskringel über Stunden in der Nähe des Backofens „geht" ist eine Verheißung, an die sich auch Geburtstagskinder erinnern, die nicht im Baltikum aufgewachsen sind.

Dafür ist dieses Buch gedacht. Erinnerungen wach zu halten, Neugierde zu wecken und sich von dem Zauber anstecken zu lassen, der diesem wunderschönen Landstrich, weitab im Osten innewohnt.

Baltikum 2023

Baltikum: Heute

Entwicklung im Baltikum

Nachdem sich *Estland* und *Lettland* zu Beginn der 1990-iger Jahre aus der *sowjetischen Vorherrschaft* befreien konnte, ist auch das Selbstbewusstsein und die Identifikation mit der eigenen Geschichte gewachsen. In einer beeindruckenden Aktion haben nahezu 2 Millionen Menschen quer durch die baltischen Staaten *Estland, Lettland* und *Litauen* eine 650 km lange Menschenkette gebildet und sich an den Händen gefasst, um damit für ihre Unabhängigkeit zu demonstrieren. Auch die *„singende Revolution"*, die im Sommer 1988 auf dem *Sängerfeld in Tallinn* stattfand und mehr als 300.000 Menschen singend vereinte, gehörte zu den friedlichen Protesten, mit der die baltischen Staaten ihre Unabhängigkeit zurückerlangten.

„Mein Vaterland, mein Glück, meine Freude", so lautet die erste Zeile der Nationalhymne der Esten, die in der Sowjetunion verboten war. Seit der Unabhängigkeit wird jeden Morgen auf dem *Domberg* über *Tallinn* die Landesflagge am Parlament gehisst und damit nach vielen Jahrhunderten fremder Herrschaft für die Unabhängigkeit demonstriert. Seitdem haben sich die baltischen Staaten zu selbstbewussten und modernen Staaten entwickelt. 2004 trat *Estland* als erste der drei baltischen Staaten der EU bei und das Land ist schnell auf den Zug der Modernisierung und Digitalisierung gesprungen. So zählt es heute zum europäischen Silikon Valley und viele Start-ups bestimmen die wirtschaftliche Dynamik, z.B. ist Skype ein Produkt der Esten.

Estland: Heute

Nähert man sich vom Seeweg der estländischen Hauptstadt Tallinn, so bestechen auch heute noch die Türme, die Befestigung und der *Domberg* als malerische Perspektive. Doch der Blick auf die touristische Kulisse täuscht, denn das eigentliche Zentrum von *Tallinn* liegt im *Central Business District* der 400.000 Einwohner zählenden Boomtown. Die estnische Börse, *„Tallinnas Pank"*, oder Niederlassungen europäischer Konzerne werden von der jungen Generation des Landes mit modernster Digitalisierung geführt und *Estland* ist eine Vorzeigenation des Internets geworden. Dort kann man nicht nur elektronisch das Parlament wählen, sondern über 100.000 Hotspots sorgen für ein stabiles Internet.

Freiheitsdenkmal in Riga

Tallinn Stadtpanorama

All das führt auch zu einem modernen weltoffenen Lebensstil in der Gastronomie, ohne die eigenen Traditionen zu vernachlässigen. Quirlige kleine Cafés und Restaurants säumen die Gassen, Plätze und Straßen, in denen Pilze, Beeren oder Wild, regionales Gemüse und Obst variationsreich angeboten werden.

Liegt es an der Region, der alten Tradition der Hanse, sich dem Fremden zuzuwenden, oder an der Kreativität der Jungen, die eine Küche kredenzt, die sich oft vielseitiger und kosmopolitischer präsentiert, als man es vom hohen Norden erwarten mag?

Lettland: Heute

Die moderne Entwicklung in Lettland schreitet ebenso wie in *Estland* mit europäischer Ausrichtung voran. In *Lettland* leben augenblicklich an die 2 Millionen Menschen, neben den Letten, die ungefähr 62 % der Bevölkerung ausmachen auch einige Minderheiten, wobei die Gruppe der russisch-stämmigen mit etwa 25 % die größte Gruppe darstellt. Etwa die Hälfte der lettischen Einwohner leben im *Großraum Riga*. Durch den internationalen Flughafen entwickelt sich die Stadt zum wichtigen Verkehrsknotenpunkt des gesamten Baltikums.

Riga Stadtpanorama

Die historisch gewachsene Kulturmetropole ist seit 1997 Weltkulturerbe. *Riga* begeistert durch seine architektonische Vielfalt. So finden wir ein hervorragend restauriertes Stadtviertel, in dem sich ein grandioses *Jugendstilgebäude* an das andere anreiht, sowie mittelalterliche Gassen der alten *Hansezeit*, aber auch moderne Architektur wie z.B. die *lettische Nationalbibliothek*, die auf der gegenüberliegende Seite der *Daugava* umgeben ist von alten Holzhäusern.

Ebenso wie in der Architektur findet man diesen besondere Mix auch im kulturellen Leben wieder. Sei es einerseits bei traditionellen Johannifesten am 24. Juni, zu deren Anlass die lettische Jugend in traditioneller Landestracht zu sehen ist, als auch in stylischen Cafés in der Rigaer Altstadt, bei leckerem *lettischen Bier* und *Pelmeni* oder *Piroggi*.

Die heimische Industrie wächst gerade auf dem Gebiet der Lebensmittelbranche. Modernste Technologie, gekoppelt mit ökologischem Anbau verarbeitet traditionelle Produkte wie z.B. *Roggen* und *Buchweizen*, sowie *dunkel gebrautes Bier*, welches international vermarket wird.

Baltische Küche

Die lange Herrschaft fremder Einflüsse von den Deutschbalten, Schweden, und Russen finden sich in heutigen Rezepten der baltischen Küche wieder. In den letzten Jahren hat es eine Vielzahl von baltischen Kochbüchern gegeben, die dieser Frage nachgegangen sind und auf deren Ergebnisse sich dieses Buch teilweise stützt.

Der Fundus unserer Rezeptsammlung ist aus dem schon erwähnten Kochbuch von *Brigitte von Samson Himmelstjerna*, doch war es für uns spannend zu sehen, wie sich diese Rezepte in der baltischen Küche insbesondere bei den Süßspeisen in abgewandelter Form wiederfinden lassen. Hinzu kommt, dass neue Ernährungserkenntnisse dazu führen, dass diese Rezepte wieder an Aktualität gewinnen.

So sind Rote Beete als Gemüse, sowie Buchweizen und Erbsen als Ersatz für Weizen inzwischen Bestandteile einer modernen Küche geworden.

Die Nähe zum Meer bedeutet auch, dass die Fischgerichte eine große Bedeutung haben. Ob frisch aus den Netzen, geangelt oder geräuchert, Fische gehören in der ganzen Vielfalt auf den Speiseplan.

Nicht nur die Ostsee bietet einen reichen Fischbestand, sondern die mehr als 1.400 Seen und 7.000 Wasserläufe lassen ahnen, wie reich der Schatz an Fischen sein mag. Dort wo Fische zubereitet werden, ist der Dill nicht weit und gehört eindeutig zu den Favoriten in der Kräuterküche. Ob bei der *Rote Beete Suppe*, *Borschtsch*, oder den vielen Fischgerichten, der Dill darf dabei nicht fehlen und wird immer reichlich verwendet.

„Der Mensch sollte sich von Sakuska nähren!"

Nicolaikirche in Tallinn

Sakuska als gastronomischer Aufgalopp

Die Sakuska, auch Zubiss genannt, gehört zu den „unbedingt" erwähnten Spezialitäten.

Unzählige Variationen können hier genannt werden und so nehme ich einfach die kleine Geschichte von *Werner Bergengruen*, der eine hinreißende Beschreibung in seinem Buch *„Schnaps mit Sakuska"* gewidmet hat:

… „Wir fuhren fort zu rühmen, und nun rühmten wir die Sakuska, die leibliche Speise, die körperliche Schwester des Geistes; den Zubiss, der jedem Schnaps hinterher geschickt werden will.
  Aber nicht wegen der Bekömmlichkeit nimmt man den Schnaps mit Sakuska zu sich, man tut es aus Wolllust.
  Ach, wie vieles gab es da zu rühmen!
  Den Kaviar, den frischen Dünalachs, die Revaler Kilki, all die guten Fische, Stör, Skumbria, Sterlett und die kurländischen Herbstneunaugen, die eingemachten Pilze, die Speckkuchen, das Heringspfännchen, die heißen Piroggen, gefüllt mit Fleisch, gehackten Eiern, Kohl, Reis, Fischen, die aus Buchweizenmehl gebackenen Bliny, angerichtet mit saurem Rahm, mit flüssiger Butter, mit Kaviar oder mit einer Pastete aus Heringen und gemahlenen Walnüssen! Wir priesen die Wissenschaft der Sakuska, die zugleich eine Wissenschaft der Appetitschärfung und des gesundheitsfördernden geselligen Tafelns ist.

Sakuska

Gutshof Vihula, Estland

„Der Mensch sollte sich von Sakusken nähren!", rief der Rittmeister. „Gewiss, erfunden wurden sie als Aufgalopp. Aber mir ist das längst zur Hauptsache geworden. Vergleichen Sie nur damit die Langweiligkeit eines regulären Essens, etwa eines Kalbsbratens mit Kartoffeln und Blumenkohl mit Muskatnuss angerichtet...

Das Märchen von dem reichen Mann, der sich im jenseits täglich einen Kalbsbraten wünschte, die ganze Ewigkeit lang, und als ihm das erfüllt wurde, da merkte er allmählich, daß er nicht im Himmel war, wie er gemeint hatte, sondern in der Hölle.

Nein, Kalbsbraten ist langweilig, wie erstes Frühstück. Ach du Teufel, des Morgens ist es keine Freude, etwas Festes hinunterzuwürgen, man tut es höchstens aus Gutmütigkeit. Ich kann mir auch nicht denken, dass es viel Nutzen bringt. Sie wissen ja, was man vom Pferdefüttern sagt: Abendfutter geht in die Knochen, Morgenfutter auf die Landstraße." ...

Ein „Amuse Gueule", Fingerfood oder Antipasti kann die Gaumen natürlich genauso entzücken, doch die Sakuska mit Wodka, also der Zubiss mit Schnaps, führt zum Auftakt einer Geselligkeit, bei der die Hauptspeise zur Nebensache wird.

Kleine Piroggen aus Mürbeteig

Zutaten:
Für ca. 24 – 26 Piroggen

250 g Mehl
125 g Butter
1 Eigelb
3 EL Schmand
1 Prise Salz

Für die Füllung:

250 g Schinkenwürfel
1 Zwiebel
125 g Rosinen

Hinweise:
180° Umluft

Die Zwiebeln klein schneiden und mit den Schinkenwürfeln in der Pfanne anbraten. Nach Geschmack Rosinen dazu geben. Abkühlen lassen.

Die Zutaten für den Teig gut miteinander verkneten und anschließend ausrollen. Zu Vierecken ausschneiden oder mit einem Glas ausstechen. Auf die Teigstücke legt man etwa 1 TL voll mit der Füllung, klappt den Teig zusammen und bestreicht die Pirogge mit Eigelb.

Ofen auf 180° vorheizen und die Piroggen auf Backpapier ausbacken, bis der Teig schön gebräunt ist.

Ob man Rosinen dazugibt, ist eine Geschmackssache und in vielen baltischen Familien gehen die Meinungen dazu sehr auseinander.

Fleischpiroggen aus Hefeteig

Zutaten:
für ca. 50 Piroggen

500 g Mehl
25 g Hefe oder
1 Pk Trockenhefe
1/4 l warme Milch
3 Eigelb
150 g Butter, Salz

Für die Füllung:

500 g gekochtes Suppenfleisch
1 Bd Suppengemüse
Lorbeerblatt
3 Zwiebeln
1 – 2 Eier
1/4 l Bouillon
1 – 1 1/2 EL Schmand
1 EL Butter
Salz
Pfeffer
Worchester Sauce
frischer Dill

Hinweis:
Zubereitung Hefeteig und Füllung ca. 2,5 – 3 Std.

Man bereite einen Hefeteig (s. Zubereitung Hefeteig) vor und lässt ihn gut gehen, bis sich die Teigmenge verdoppelt hat (braucht etwa 2 Std.). Dann rollt man den Teig auf einer bemehlten Fläche aus und sticht mit einem Wasserglas Kreise aus.

Zubereitung Füllung:

Das Rindfleisch mit dem Gemüse und den Gewürzen ca. 2 Std. kochen. Dann sowohl das Fleisch, wie das Gemüse durch den Fleischwolf lassen. Die Zwiebeln schälen und fein hacken und in einer tiefen Pfanne mit 1 EL Butter goldgelb rösten. Dann fügt man die Fleischmasse hinzu und vermischt alles gründlich. Die Eier und den Schmand miteinander vermengen und anschließend zur Masse geben. Den frisch gehackten Dill untermengen und mit Salz, Pfeffer und Worchester Sauce kräftig abschmecken. Die Hefekreise mit der Füllung, wie oben beschrieben, füllen. Mit zerklopftem Ei bestreichen und bei 200° im vorgeheizten Ofen ca. 15 Min. abbacken. Bei goldgelber Farbe herausnehmen.

Diese werden mit jeweils 1 TL Fleischmassen gefüllt und dann zusammengeklappt. Gut verschließen, ansonsten platzen sie leicht beim Backen auf.

Killo im Kapottchen

Zutaten:
für ca. 12 – 16 Kapottchen

ca. 20 eingelegte Sardellen
250 g Mehl
180 g Fett
4 EL Schmand
Salz
1 Eigelb zum Bestreichen

Hinweise:
180° Umluft

Mehl, Fett, Schmand und Salz verarbeitet man zu einem glatten Teig, den man für eine Stunde kalt stellt. Dann rollt man ihn nicht zu dünn aus und schneidet 6 cm lange und breite Vierecke.

Jedes Viereck belegt man diagonal mit ein bis zwei Sardellen (Killos), klappt den Teig von beiden Seiten darüber zusammen, bestreicht mit Eigelb und backt die „Killo in Kapottchen" im Ofen goldbraun.

Feines Knäckebrot

Zutaten:

250 g grobes Roggenmehl
150 g Butter oder Margarine
etwas Salz und Kümmel
3 EL Milch
Sesamkörner

Hinweise:
180° Umluft

Alle Zutaten verknetet man zu einem glatten Teig. Diesen rollt man dünn aus und schneidet gleichmäßige Dreiecke daraus, die man mit der Gabel mehrfach einstricht. Die Dreiecke vorsichtig auf ein mit Backpapier ausgelegtes Backblech legen und mit Sesamkörnern bestreuen. Anschließend in dem vorgeheizten Ofen backen, bis sie anfangen bräunlich zu werden.

Mürbeteig-Salzstangen

Zutaten:

250 g Mehl
125 g Butter oder Margarine
1 Ei oder
2 EL Schmand
Salz
Ei zum Bestreichen
Kümmel zum Bestreuen

Hinweise:
180° Umluft

Mehl, Butter oder Schmand und etwa Salz verarbeitet man auf einem Backbrett recht schnell zu einem glatten Teig. Man lässt ihn eine Weile in der Kälte stehen und rollt ihn dünn aus, schneidet mit dem Messer oder Küchenrädchen gleichmäßige Stangen, die man mit Ei bestreicht und mit Salz oder Kümmel bestreut. Den Ofen auf 180° Umluft vorheizen. Danach legt man sie auf ein mit Backpapier ausgelegtes Backblech und backt sie hellgelb aus.

Pikantes Stroh

Zutaten:

6 Killos (Sardellen)
80 g Mehl
80 g Fett
1 Ei

Hinweise:
180° Umluft

Die Killos (Sardellen) werden fein gehackt. Dazu gibt man Mehl, Fett und Ei und verarbeitet alles zu einem festen Teig. Dann rollt man ihn dünn aus, schneidet 5 cm breite Streifen, die man quer in stricknadeldicke Steifen schneidet und im Ofen hellgelb backt.

Schmeckt sehr gut zu Wodka, Bier und Wein.

„Lass mich in Deinen Suppentopf gucken und ich sage Dir, wer du bist."

Russisches Sprichwort

Borschtsch ist eine Suppe auf der Basis von Roter Beete und ein fester Bestandteil der regionalen Küche in mehreren osteuropäischen Ländern. Es gibt unzählige Varianten – allen gemeinsam ist aber die Verwendung von Roter Beete und die lange Garzeit bei geringer Hitze. Fleisch gehört eigentlich immer dazu, ebenso Weißkohl, oder Wirsing. Üblich ist es, den *Borschtsch* mit einem Klecks saurer Sahne und gehacktem Dill zu servieren.

Über den Ursprung des *Borschtsch* streiten sich die Gelehrten. Mehrere Länder reklamieren das Rezept für sich (Ukraine, Polen, Russland ...) Der Name wird von den Experten auf die slawische Bezeichnung für das *Kraut Wiesen-Bärenklau („Barszcz")* zurückgeführt, nicht zu verwechseln mit dem giftigen Riesenbärenklau und war früher eine grüne Suppe.

Die Zubereitung des *„Barszcz"* war simpel: Blätter und Stengel vom *Wiesen-Bärenklau* wurden mit Wasser übergossen und etwa eine Woche lang stehen gelassen. Dabei setzte, wie beim Sauerkraut, eine Milchsäuregärung ein. Durch die gleichzeitig anwesenden Hefen entstand auch noch ein wenig Alkohol.

Der Forschungsreisende und Arzt *Georg Wilhelm Steller* berichtet 1793 über den *„Barszcz-Rausch"*:

„Die Leute werden sehr geschwind davon betrunken, und im Trunk ganz unsinnig und toll, ganz blau in dem Gesichte, wer nur einige Schalen davon getrunken, wird die ganze Nacht hindurch von den seltsamsten und abenteuerlichsten Phantasien und Gesichtern beunruhiget, und den andern Tag so ängstlich, traurig und unruhig ..."

Im Laufe der Zeit verlor der *„Barszcz"* seine Bedeutung. Denn nun erschien der Wodka auf der Bildfläche.

Gleichzeitig bekam der wildwachsende Bärenklau Konkurrenz aus dem Hausgarten: Damals gelangte nämlich die Rote Beete aus Italien über Deutschland nach Polen. Dort fand die Rübe ein ideales Klima vor. Ein Grund für die Beliebtheit als Suppengemüse war wohl, dass sich die Rote Beete bis tief in den Winter lagern lässt. Nicht so der Bärenklau, der konnte nur frisch genutzt werden.

Suppen

In „*Das Buch meiner Leben*" beschreibt der 1964 in Sarajewo im damaligen Jugoslawien geborene Autor *Aleksandar Hemon* ein Loblied auf die Rote Beete Suppe „*Borschtsch*" und bestätigt, die weite Verbreitung dieser Köstlichkeit, die sich in ganz Osteuropa immer wiederfindet.

„Alles, was mit dem Löffel gegessen wird, steht ziemlich weit oben in der Pyramide der Überlebensmittel, die das Fundament unserer Küche waren, und Borschtsch ist das denkbar schmackhafteste Löffelgericht.
  ... Borschtsch gehört zu den Gerichten, die am nächsten Tag grundsätzlich besser schmecken. Borschtsch ist definitiv keine Zwei-Personen-Angelegenheit; man trifft sich nicht mit einem Freund zu einem Teller Borschtsch, und Borschtsch ist auch nichts für ein Romantisches Tête-à-tête, selbst wenn man es schaffen sollte, dabei nicht zu schmatzen.
  ... Ein perfekter Borschtsch ist ein utopisches Essen: Idealerweise ist alles drin, er wird gemeinsam zubereitet und gegessen und kann eingefroren werden. Ein perfekter Borschtsch ist so, wie das Leben sein sollte, aber nie ist."

Borschtsch

Zutaten:
Für 6 Personen

750 g Suppenfleisch (Hohe Rippe)
500 g Knochen (Sandknochen und normale)
200 g durchwachsener Speck
500 g Weißkohl
400 g Rote Beete
1 Becher Schmand
1 Zwiebeln
1 Porreestangen
1/2 Sellerieknolle
15 Pfefferkörner
2 Lorbeerblätter
Salz
Kümmel oder Dill
Balsamicoessig

Hinweise:
Zubereitung ca. 3 Std.

Die Rote Beete mit Wasser aufsetzen und ca. 20 Min. (je nach Größe) weich kochen.

Das Gemüse putzen und klein schneiden. Das Fleisch und die Knochen in einem großen Topf in Öl/Butter anbraten, und mit 2,5 l heißem Wasser aufgießen, dann salzen und pfeffern. Langsam 1 Std. köcheln lassen, zwischendurch den Schaum mit einer Schaumkelle abschöpfen. Nach etwa 1,5 Std. das klein geschnittene Gemüse zugeben und noch etwa 30 Min. köcheln lassen. Dann das Fleisch und die Knochen herausnehmen und abkühlen lassen. Fleisch in Stücke schneiden. Die Roten Beeten häuten und raspeln, oder in kleine Würfel schneiden. Möhren klein schneiden. Übriges Suppengemüse nicht weiterverwenden. Nach Geschmack kann ein halber Kohlkopf kleingeschnitten hinzugegeben werden und einmal aufkochen lassen. Fleisch und Rote Beete zur Suppe geben und mit Salz und Balsamicoessig, Kümmel oder Dill kräftig abschmecken und gleich servieren. Die Suppe nicht nochmal aufkochen lassen,
da sie sonst ihre Farbe verliert.

Zum Anrichten ein Schüsselchen mit Schmand reichen. Die Suppe mit einem Klecks Schmand und kräftigem Graubrot servieren. Herrlich für einen trüben November-, oder Wintertag und sehr vitaminreich.

Feine Rinder-Bouillon

Zutaten:
für ca. 12 Personen

500 g Rinderknochen
750 g Hohe Rippe
3 l Wasser
1 – 2 (Bukanen) Karotten
1/2 – 1 Sellerieknolle
1 Poreestange
1 EL Butter
einige Pfefferkörner,
ein Lorbeerblatt
Salz

Hinweise:
Heiß abgefüllt in einem Schraubglas ist die Bouillon im Kühlschrank min. 2 Wochen haltbar.

Die gewaschenen, zerhackten Knochen und die Hohe Rippe werden mit kaltem Wasser zum Kochen aufgesetzt. Das Gemüse wird geputzt und grob zerkleinert in einer beschichteten Pfanne mit 1 EL Butter gebräunt. Danach fügt man das Gemüse und Gewürze zur kochenden, vorher abgeschäumten Bouillon, die nun möglichst noch 2 – 3 Std. schwach kochen muss.

Zum Schluss gießt man die Bouillon durch ein Sieb und schmeckt sie kräftig mit Salz ab. Ist sie zu fett, lässt man sie erkalten und schöpft dann das Fett ab.

Eigentlich ist Bouillon nur das französische Wort für Brühe, im deutschsprachigen Raum wird der Begriff aber vor allem für eine Kraft- oder Knochenbrühe auf Rinderbasis benutzt. Kraftbrühe heißt sie deshalb, weil sie durch das Auskochen von Fleisch und Knochen mehr Nährstoffe als eine normale Brühe besitzt. Für eine Brühe wird das Gemüse, sowie Fleisch gargekocht und anschließend durchgesiebt, was eine herzhafte klare, oder leicht getrübte Brühe ergibt.

Pilzsuppe

Zutaten:
für ca. 4 Personen

1 l Bouillon
250 g Pilze, am besten Steinpilze, aber Champignons gehen auch
1 Zwiebel
1 EL Mehl
1 EL Fett
1 Eigelb
1 EL Schmand
Kräutersalz
Pfeffer

Hinweise:
Nach dem legieren die Suppe nicht mehr aufkochen! (Die Suppe könnte ausflocken)

Die Pilze werden gereinigt und fein gehackt. Die Zwiebeln werden im Fett glasig geschmort und die gehackten Pilze werden dazu gegeben, bis sie leicht gebräunt sind. Danach stäubt man das Mehl darüber und gießt langsam die Flüssigkeit unter stetigem Rühren dazu. Das Eigelb mit dem Schmand verrühren und in die Suppe geben, um es zu legieren. Dann mit Kräutersalz und Pfeffer abschmecken.

Grüne Suppe

Zutaten:
Für 8 – 10 Personen

2 L Boullion oder Gemüsebrühe
1 kg frischer Spinat oder tiefgefrorener Spinat
2 – 3 EL Mehl
2 EL Schmand
Salz, Zucker und Essig nach Geschmack
4 hartgekochte Eier
Rote Pfefferbeeren

Hinweise:
Tiefgefrorenen Spinat in einem Topf bei mittlerer Hitze auftauen, mit Bouillon auffüllen.

Der gereinigte Spinat wird mit wenig Wasser gar gekocht (ohne Deckel, da er sonst die Farbe verliert!). Mit etwas Bouillon auffüllen und mit dem Pürierstab pürieren. Anschließend mit der restliche Bouillon auffüllen.

Mehl und Schmand werden verrührt und zur kochenden Suppe gegeben. Man schmeckt mit Salz, Zucker und, nach belieben, mit etwas Essig ab.

Zur Dekoration ein aufgeschnittenes, hart gekochtes Ei und rote Pfefferkörner anrichten.

Altes estnisches Holzhaus in Tallinn, Estland

Kalte Rote Beete Suppe

Zutaten:
Für 4 Personen

2–3 Rote Beete
1 frische Salatgurke
3 hartgekochte Eier
1 l Kefir oder Dickmilch
8 Zweige Dill
2 Lauchzwiebeln
Salz
Pfeffer
Zitrone
Kartoffeln nach Belieben

Hinweise:
Als Hauptspeise können heiße Pellkartoffeln dazu serviert werden.

Rote Beete gar kochen (ca. 25 Min.), abkühlen, enthäuten und raspeln. Dill fein hacken, Lauchzwiebeln in Ringe schneiden. Die Gurke der Länge nach vierteln und in Scheiben schneiden. Die Rote Beete in einen Suppentopf geben und mit Kefir und alle anderen Zutaten vermischen. Mit Salz, Pfeffer und Zitrone abschmecken. Dann die Suppe für einige Stunden kaltstellen. Zum Servieren in Suppenteller abfüllen und mit klein geschnittenen gekochten Eiern und Dillspitzen dekorieren.

Kalte Gurkensuppe

Zutaten:
Für 4 Personen

2 große Salatgurken
500 ml Kefir
1/2 Zitrone
1 Bund Dill
Salz und Pfeffer
Rote Pfeffer Beeren
Blüten von Kapuzinerkresse
  zum Dekorieren

Gurken schälen, in Stücke schneiden und mit einem Pürierstab, oder Stabmixer zerkleinern (nicht zu fein). Der Kefir, den Zitronensaft hinzufügen und mit Salz und Pfeffer abschmecken. Den Dill fein hacken und unter die Suppe rühren. Suppe für mindestens 2 Std. kaltstellen.

Dann in Suppentassen füllen mit einer Kapuzinerkresse-Blüte und den roten Pfefferbeeren verzieren.

Sauerkohl Suppe mit Kümmel

Zutaten:
Für 4 – 6 Personen

1 kleine Zwiebel
1 Knoblauchzehe
1 kleine, mehligkochende Kartoffel
20 g Butter
200 g Sauerkraut
1/2 l Geflügelfond
1 EL Kümmel
150 g Creme Fraiche
Salz
frisch gemahlener Pfeffer
geröstete Buchweizen

Hinweise:
Zubereitung ca. 40 Min.

Die Zwiebeln schälen und in feine Streifen schneiden. Den Knoblauch schälen und fein würfeln. Die Kartoffeln schälen und in Würfel schneiden.

In einem Topf die Hälfte der Butter zerlassen und die Zwiebel darin glasig dünsten. Anschließend die Hälfte des Sauerkrauts, den Knoblauch, die Kartoffel, sowie den Geflügelfond hinzufügen. Alles mit der Hälfte des Kümmels würzen und die Suppe etwa 25 Min. köcheln lassen. Anschließend Creme Fraiche dazugeben und die Suppe nochmals kurz aufkochen lassen und die Suppe mit Salz und Pfeffer abschmecken.

Die zweite Hälfte des Sauerkrauts gut ausdrücken und mit einem Messer grob hacken. Die restliche Butter in einer Pfanne zerlassen und das Kraut mit dem restlichen Kümmel darin hell anbraten. Das angebratenen Kraut vom Herd nehmen, mit Salz und Pfeffer abschmecken.

Die Sauerkrautsuppe in vorgewärmte Teller füllen und das gebratene Kraut oder geröstete Buchweizen darauf verteilen.

Katharinengasse in Tallinn

„Christos woskres!"
„Woistinu woskres!"

Nicolaikirche in Tallinn, Estland

„Christus ist auferstanden!" – „Wahrlich er ist auferstanden!"

Verena erinnert sich an ihrer Mutter:

Das Osterfest gehört zu den ganz großen Festen im Jahr. In Estland, das durch die geographische Nähe zu St. Petersburg und Russland sehr starkem Einfluss ausgesetzt war, haben sich auch die orthodoxen Gebräuche bei den Familienfeiern wiedergespiegelt. So war es üblich, nach der langen Fastenzeit vor Ostern das Auferstehungsfest gebührend zu feiern und die Vorbereitungen dazu hielten sicher eine große Kochmannschaft über Tage in Atem.

Passah, Kulitsch, Piroggen, Sakuska, Rossolje, Bouillon und Pasteten, sowie das Färben von bunten Ostereiern zum Eierkicken dürfen heute auch in meiner westfälischen Familie nicht fehlen.

Üblicherweise wurde früher die Osternacht in der russisch orthodoxen Kirche verbracht und die Speisen wurden vom Priester geweiht. Der Glanz von den Kerzen, die Goldstickereien an den Gewändern der Priester und die juwelenbesetzten Altargefäße, begleitet von volltönenden Stimmen der Liturgie bilden den Rahmen für die im Glauben tiefverwurzelte orthodoxe Gemeinde. Zur Mitternacht findet eine Prozession mit Priestern, Diakonen und Gemeindemitgliedern um die Kirche statt. Weihwasser wird geschwungen, Kerzen leuchten und man fängt sich an zu küssen und wechselt die freudige Botschaft:

Osterbräuche

Orthodoxe Alexander-Newski-Kathedrale in Tallinn

„Christos woskres!" – „Woistinu woskres!" Dies ist russisch und bedeutet: „Christus ist auferstanden!" – „Wahrlich, er ist auferstanden!"

Im Anschluss daran wird zur großen Tafel gebeten und alle Köstlichkeiten werden mit der Familie und Freunden bewundert und verzehrt, begleitet von Glückwünschen und einem großen Wodkaaufgebot.

Die verzierten und bemalten Eier werden nun gegenseitig zum Wettkicken angepriesen und dabei finden wahre Eierschlachten statt, da es ja nun einmal um das härteste Ei, das Siegerei geht. Was stellt man nicht alles an, um ein solches Siegerei in der Hand zu halten?!

Das schönste am Osterfest ist der sich ankündigende Frühling nach der dunklen Winterzeit.

Das Zweitschönste ist, daß man an diesen Tagen nicht mehr kocht, da man sich wieder und wieder von der festlichen Tafel bedienen kann.

Pascha

Zutaten:
Für 8 – 10 Personen

1 kg Schichtkäse oder Quark
250 g weiche Butter
1 gr. Dose süße Kondensmilch (Milchmädchen ca. 450 g)
200 g Zucker
6 Eigelb
250 g Sultaninen
250 g Mandeln, gemahlen
2 Vanilliestangen, ausgekratzt

Hinweise:
Die Zubereitung benötigt Zeit.

Alle Zutaten mit einander vermengen und einarbeiten, bis sich alles gleichmäßig verteilt hat. Statt der traditionellen Paschaform aus Holz kann auch ein sauberer Blumentopf genommen werden. Diesen mit einer Mullwindel auslegen und die Masse hineingeben. Die Oberfläche gleichmäßig belasten. Ein Brett, kleiner als der Durchmesser des Topfes, obenauf legen und mit einem Stein beschweren. Einen tiefen Teller unter den Topf stellen, damit die Flüssigkeit aufgefangen wird.

Etwa alle 8 Std. kontrollieren, ob das Gewicht nicht verrutscht. Nach 24 – 36 Std. den Topf auf einen großen Teller stürzen, das Tuch vorsichtig abnehmen und dekorieren.

Eine schöne Frühlingsblume obenauf und fröhliche, bunte Zuckereier machen die Pascha zum Mittelpunkt des Ostertisches.

Sehr gut dazu ist ein Osterzopf und auf jeden Fall ein Wodka im Anschluss!

Russische Eier

Zutaten:
Für 2 – 4 Personen

4 hartgekochte Eier
2 EL Öl
1 EL Essig
1 TL Senf
Kapern, Sardellen
  oder Matjes nach Bedarf

Hinweis:
Beliebige Menge hartgekochte, buntgefärbte Eier

Die Eier werden geschält, und der Länge nach halbiert. Die Dotter nimmt man heraus, verrührt sie mit Öl, Essig, Senf und Salz und Pfeffer.

Danach füllt man sie wieder in das Eiweiß zurück und streicht es glatt. Entweder man verzehrt sie gleich so, oder verziert sie noch mit Kapern, oder kleinen Fischschnitzern.

Dieses Rezept eignet sich auch als Sakuska und kann dekorativ angerichtet auf schönen Platten serviert werden.

Eierkicksen

Das Eierkicksen zum Osterfrühstück ist immer eine lustige Angelegenheit, denn der Heißhunger auf die schön gefärbten Eier ist groß, doch mit einem Kampfei, das sich ungeschlagen im Wettkampf um die stärkste Schale gibt, muß man warten.

Hefezopf

Zutaten:

250 ml Milch
20 g frische Hefe
75 g Zucker
2 Eier
1 1/2 TL Meersalz
500 g Mehl (Type 550)
75 g Butter (weich)
Mehl (zum Bearbeiten)

Milch lauwarm erwärmen. Hefe in einer Schüssel zerbröseln und mit wenig lauwarmer Milch und dem Zucker glattrühren. Die Eier verquirlen, 3 EL davon zugedeckt beiseite stellen. Restliches Ei, Milch, Salz und Mehl hinzufügen und mit den Knethaken der Küchenmaschine bei niedriger Geschwindigkeit 3 Min. kneten. Tempo erhöhen, weitere 5 Min. kneten. Butter würfeln und nach und nach unter den Teig kneten. Bei hohem Tempo weitere 5 Min. zu einem glatten Teig kneten.

Schüssel mit einem feuchten Geschirrtuch abdecken und an einem warmen Ort 1 Std. gehen lassen.

Den Teig auf einer leicht bemehlten Arbeitsfläche durchkneten. Den Teig dritteln und zugedeckt 10 Min. ruhen lassen.

3 Stränge von je 40 cm Länge ausrollen und sehr locker flechten. Den Zopf auf ein mit Backpapier ausgelegtes Backblech legen und zugedeckt 45 Min. gehen lassen.

Den Hefezopf mit dem restlich Ei bestreichen.

Im vorgeheizten Backofen bei 200° (Umluft 180°) auf der 2. Schiene von unten 25 Min. backen. Die letzten 10 Min. eventuell mit Alufolie abdecken.

Blinis

Zutaten:
Für 4 – 6 Personen

300 g Buchweizenmehl
300 g Weizenmehl
370 ml lauwarmes Wasser
1 Würfel frische Hefe
2 Eier
2 EL Schmand
75 g Butter
etwas Öl zum braten
Salz

Zutaten für
Kalte Heringssoße:

2 Matjesheringe
1/4 – 1/2 l Schmand
nach Belieben Zwiebel,
   Gurke, Dill

Das Buchweizenmehl, das Weizenmehl, die zerkrümelte Hefe und das lauwarme Wasser werden stark zerklopft (verknetet) und zum Aufgehen gestellt. Nach 1 – 2 Std. gibt man das Eigelb, den Schmand und die geschmolzene Butter dazu und lässt den Teig wieder aufgehen. Vor dem Backen zieht man den steifen Eischnee unter, gibt etwas Salz dazu und backt die Blinis in kleinen Portionen im heißen Fett aus.

Man serviert sie am besten heiß, mit gehacktem Ei, Schmand, Lachs, Forellenkaviar, Kill oder Hering.

Kalte Heringssoße zu Blinis

Die Heringe werden fein gehackt und mit dem Schmand, klein geschnittener Zwiebel, Gurke und dem Dill gemischt.

„Das Meer reicht
bis zum Strande
und dann verläuft's
im Sande
ganz plötzlich
und abrupt. ..."

Heinz Erhardt „Esst mehr Fisch"

Markthalle in Riga, Lettland

Esst mehr Fisch!

*Das Meer reicht bis zum Strande
und dann verläuft's im Sande
ganz plötzlich und abrupt.
In ihm gibts viele Fische
die essen wir bei Tische
gekocht und abgeschuppt.
Doch wozu gibts die Gräten?
Sie wären nicht vonnöten
und mindern den Genuss.
Denn bleibt mal eine steckenso
kann man leicht verrecken
viel eher als man muss.*

Heinz Erhardt
1909 in Riga – 1979 in Hamburg-Wellingsbüttel

Fischgerichte

Daugava in Riga, Lettland

Aus „Praktisches Mitauer Kochbuch"

Sechste Abteilung – Fische und Krebse.
   Der Nutzen der Fische für die Haushaltung ist sehr groß, da die meisten unter ihnen eßbar sind und ihr Fleisch, zwar weniger nährend, als das der nutzbaren Landtiere, meist leicht verdaulich und, nicht im Übermaße genossen, gesund ist. Am Verdaulichsten und Kräftigsten sind die Seefische; in Salzwasser gelegte (leicht gepökelte), wie die Heringe, Sardellen, Anchovis, werden selbst zu Beförderern der Verdauung; schwerer verdaulich sind die geräucherten, gepökelten und getrockneten, wie Stockfische, Böklinge (Pücklinge). Die beste Art ihrer Zubereitung ist das einfache Absieden; alle übrige Künsteleien machen sie schwer verdaulich und überreizen den Magen durch Zusatz von Gewürzen. ...

Ein nützliches Hand- und Hilfsbuch für Hausfrauen und Köchinnen in Kur-, Liv- und Estland – Mitau, 1876

Rossol oder Rossolje

Zutaten:
Für 6 Personen

500 g gekochte Kartoffeln
500 g in der Schale
  gekochte Rote Beeten
3 – 4 Äpfel
2 – 3 saure Gurken
5 Matjes oder eingelegte
  Heringe
Nach Belieben können noch
zugegeben werden:
1 Zwiebel, Fleischreste,
Schinken

hart gekochte Eier zum
Dekorieren

Marinade:
2 – 3 EL Öl
2 EL Wein- od. Obstessig
1 – 2 EL Wasser

Schmandsoße:
250 g Schmand
1 EL Senf
Salz und Pfeffer

Hinweis:
Vorbereitung ca. 2 Std.
Zeit zum Durchziehen berücksichtigen!

Alle Zutaten in sehr feine Würfel schneiden und gut mischen. Anschließend die Marinade anrühren und über den feingeschnitten Zutaten verteilen, unterrühren und ziehen lassen. (Am besten über Nacht!) Vor dem Servieren die vorbereitete Schmandsoße unterziehen und den Rossol mit gehackten, hart gekochten Ei verziehren.

Rossol ist ein wichtiger Bestandteil des Weihnachtsessens mit Piroggen und Bouillon. Gerne wird er auch zu Silvester und Ostern gereicht. Man kann eine größere Portion vorbereiten und braucht dann nur vor den Mahlzeiten die nötige Menge mit der Schmandsoße fertig zu machen.

Fischpastete

Zutaten:
Für 4 – 6 Personen

1 kg Fischfilet nach Wahl,
 z.B. Lachs und Kabeljau
250 g Garnelen (tiefgefroren)
500 g frische Pilze
1/2 l Fischfond
1 Paket tiefgekühlten Blätterteig
30 g Mehl
40 g Butter
Pfeffer
Salz
Saft von einer Zitrone
1 Ei

Hinweis:
ca. 30 Min. Vorbereitung
180° Umluft
ca. 40 Min. Backzeit

Backofen auf 180° vorheizen. Eine Auflaufform wird mit etwas Butter eingestrichen. Die Fischfilets werden gewaschen, getrocknet und eventuell von der Haut befreit. Anschließend legt man sie flach nebeneinander in die Auflaufform und gießt etwas vom Fischfond und Zitronensaft darüber und würzt sie mit Salz und Pfeffer. Danach gibt man die Form für ca. 8 – 10 Min. in den mit 180° vorgeheizten Ofen. Jetzt werden die Pilze angebraten und anschließend im selben Fett die aufgetauten Garnelen. Aus dem Fischfond wird eine dicksämige Farce mittels eine Mehlschwitze hergestellt.

Nachdem man den vorgegarten Fisch reichlich mit der Farce bestrichen hat, verteilt man die gebratenen Pilze und Garnelen gleichmäßig darüber. Danach belegt man die Auflaufform mit den aufgetauten Blätterteigplatten .Dabei kann man Formen ausstechen und die Pastete damit dekorieren. Damit das ganze beim Backen eine schöne Farbe erhält, bestreicht man den Teig mit einem verquirlten Ei. Anschließend wird die Pastete bei 180° im Ofen gebacken, bis der Blätterteig schön gebräunt ist.

Die Pastete danach mit einem frischen Salat servieren.

Fischauflauf

Zutaten:
Für 4 – 6 Personen

1 Matjes
500 g Kabeljau oder Seelachs
15 mehlige Kartoffeln
1/2 l Milch
1/4 l saure Sahne
125 g Butter
3 Eigelb

Hinweis:
Ofen vorheizen auf 200°.
Vorbereitung ca. 30 Min.
Backzeit ca. 45 Min.

Die Kartoffeln werden gekocht, gepellt und nach dem Erkalten in mitteldicke Scheiben geschnitten. Diese dann in eine Auflaufform geben und darauf den in Scheiben geschnittenen, rohen Fisch legen. Das Matjesfilet in feine Streifen schneiden und es gleichmäßig über die ganze Fläche verteilen.

Nun werden Milch, saure Sahne und Eigelbe zu einer dickflüssigen Sauce vermischt und über den Fisch und die Kartoffeln gegossen. Zum Schluss die Butterflöcken gut verteilen. Den Auflauf bei 200° im vorgeheizten Ofen 45 Min. garen. Kurz vor Ende der Garzeit unter dem Grill anbräunen lassen.

Mit dem übrigen Eiweiß kann man wunderbar einen herrlichen Nachtisch zaubern, der je nach Obstsorte als Apfel-, Erdbeer, oder Stachelbeerschmalunz bezeichnet wird.

Kulebjaka

Zutaten:
Für 8 – 10 Personen

Teig:
600 g Mehl
250 g Butter, gekühlt in kleine Stücke geschnitten
100 g Pflanzenmargarine
1 TL Salz
10 – 12 EL kaltes Wasser

Füllung:
1 Seite roher Lachs im Stück (ohne Haut)
150 g Butter
250 g Champignons, in dünne Scheiben geschnitten
3 EL Zitronensaft
Salz
frisch gemahlener Pfeffer
450 g feingehackte Zwiebeln
100 g Reis mit wildem Reis gemischt
1/4 l Hühnerbrühe
5 EL feingeschnittener Dill
3 hartgekochte Eier, feingehackt
1 Eigelb, mit 1 EL Sahne verrührt
1 EL zerlassene Butter

Hinweis:
Vorbereitung ca. 1 Std.
Ruhezeit Teig ca. 3 Std.
Ofen vorheizen auf 180°.
Backzeit ca. 40 Min.

In einer großen kalten Schüssel Mehl, Butter, Pflanzenmargarine und Salz geben. Mit den Fingerspitzen Mehl und Fett schnell verreiben, bis eine streuselartige Konsistenz entsteht. 10 EL Eiswasser auf einmal darüber gießen. Alles leicht vermengen und zu einer Kugel formen. Ist der Teig krümelig, tropfenweise bis zu 2 EL Eis Wasser dazugeben. Den Teig halbieren, jede Hälfte mit Mehl bestäuben und getrennt abgedeckt mindestens 3 Std. kühl stellen.

In der Zwischenzeit 30 g Butter in einer schweren Pfanne zerlassen. Die Champignons hineingeben und bei mittlerer Hitze 3 – 5 Min. dünsten. Die Pilze aus der Pfanne nehmen und mit dem Zitronensaft und 1/2 TL Salz und Pfeffer kräftig abschmecken.

60g Butter bei starker Hitze zerlassen und die feingehackten Zwiebeln bis auf 1 EL hinein geben. Dann bei mittlerer Hitze 3 – 4 Min. weich dünsten. Mit Salz und Pfeffer kräftig abschmecken und mit den Champignons vermengen.

Nun die restliche Butter in eienm Topf zerlassen und mit 1 EL gehackter Zwiebel andünsten bis sie weich ist. Jetzt den Reis zugeben und 2 – 3 Min. rühren, bis jedes Reiskorn Butter gezogen hat. Mit der Hühnerbrühe aufgießen und zum Kochen bringen. Zugedeckt ca. 12 Min. bei geringer Hitze köcheln lassen, bis die Flüssigkeit völlig aufgesogen ist. Von der Kochstelle nehmen und den fein geschnittenen Dill mit der Gabel untermischen.

Den Backofen auf 200° vorheizen. Eine der beiden Teigkugeln auf einer bemehlten Arbeitsfläche zu einem 3 mm dicken Rechteck ausrollen, dabei immer wieder wenden. Ihn dann zu einem 20 cm mal 40 cm großen Rechteck schneiden.

Ein Backblech mit Backpapier auslegen. Den Teig um das Nudelholz legen und auf dem Backblech abrollen. Jetzt den Reis und die Hälfte der Pilzmischung schichtweise auf die Teigplatte legen, dabei einen 3 cm breiten Rand frei lassen. Dann den rohen Lachs auf die Mischung legen, salzen und pfeffern nicht vergessen, das gehackte Ei auf dem Lachs verteilen.

Zum Schluss die restliche Zwiebel/Pilzmischung verteilen. Mit einem Backpinsel den freien Rand mit Eigelb und Sahne bestreichen. Die andere Teighälfte zu einem 25 cm mal 45 cm großen Rechteck ausrollen, um das Nudelholz legen und über der Füllung abrollen.

Dann die Teigränder mit dem Rücken einer Gabel festaufeinanderdrücken. Aus der Mitte des Teiges einen Kreis von 3 cm Durchmesser herausschneiden. Alle Teigreste können nach Belieben verknetet und wieder ausgerollt werden und mit dekorativen Ausstechern auf die Pastete gesetzt werden. Die gesamte Oberfläche der Pastete mit dem Rest von Ei und Sahne bepinseln und nochmal 20 Minuten kaltstellen.

Bevor man die festgewordene Pastete in den Backofen schiebt, gießt man noch 1 EL zerlassenen Butter in die Teigöffnung. Die Kulebjaka wird ca. 40 Min. in der zweiten Schiene bei 180° gebacken, bis sie goldbraun ist.

Dazu passt ein Gurkensalat mit einer Sahne-Dill Sauce besonders gut.

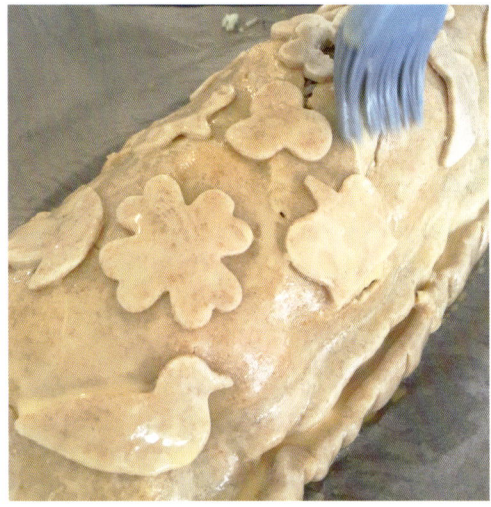

Geflochtener Meereszauber

Zutaten:
Für 4 Personen

Je zwei Filets vom Lachs und
 Kabeljau ca. 20 cm lang
Lava Salz
Pfeffer
einige rote, geschrotet
 Pfefferbeeren
3/4 l Kalbs- oder Hühnerfond
Forellenkaviar
1 Zitrone
frische Estragonzweige oder
 Dill

Hinweis:
Vorbereitung ca. 10 Min.
Ofen vorheizen auf 160°
Backzeit ca. 20 Min.

Die Fischfilets waschen und mit Salz und Zitrone einreiben. In einer Auflaufform die Filets ineinander flechten, mit dem Pfeffer würzen und mit Fond begießen. Zitronenviertel verteilen und mit frischen Estragonzweigen oder Dill belegen. Im Backofen bei 160° ca. 20 Min. garen. Anschließend mit Forellenkaviar garnieren und mit Mayonnaise oder und Sauce Vert servieren. Als Beilage frisches Baguette oder Salzkartoffeln.

Sauce Vert

Zutaten:
Für 4 Personen

6 Anchovies
1 EL Kapern
3 kleine Essiggurken
2 EL Öl
2 EL Majonaise
4 hart gekochte Eier
Estragon
Petersilie

Die Zutaten in feine Würfel schneide, die Kräuter fein hacken und alles miteinander vermengen, anschließend in einer kleinen Schüssel zum Fisch servieren.

Wie früher im Baltikum üblich, hat man sich neben Russland auch sehr an Frankreich und der französischen Lebensart orientiert. Deshalb tauchen in überlieferten Rezepten auch häufig französische Bezeichnungen auf.

Sauce Vert

Zutaten:
Für 4 Personen

6 Anchovies
1 EL Kapern
3 kleine Essiggurken
2 EL Öl
2 EL Majonaise
4 hart gekochte Eier
Estragon
Petersilie

Die Zutaten in feine Würfel schneide, die Kräuter fein hacken und alles miteinander vermengen, anschließend in einer kleinen Schüssel zum Fisch servieren.

Wie früher im Baltikum üblich, hat man sich neben Russland auch sehr an Frankreich und der französischen Lebensart orientiert. Deshalb tauchen in überlieferten Rezepten auch häufig französische Bezeichnungen auf.

Gekochte Krebse

„Die Krebse verbargen sich in den Böschungen am Flussufer. Mit geschicktem Füßen musste man leise auftreten, den Boden nicht erschüttern und mit ebenso geschickten Händen in die Höhlungen unter die Böschungen fahren und die Krebse von hinten packen, sodass er hilflos mit seinen Scheren in der Luft herumfuhr und nicht zwicken konnte. Ganze Körbe füllten sich mit den braunschwarzen, wild durcheinander krabbenden Schalentieren, kurz darauf waren sie schon scharlachrot geworden im siedenden Wasser und wurden, nach Dill duftend auf einer riesigen ovale Schüssel auf den Tisch gebracht, zum Berg aufgehäuft".

Diese Beschreibung stammt von *Oda Schaefers* Lebenserinnerungen: „*Auch wenn Du träumst, gehen die Uhren*".

Gekochte Krebse

Zutaten:
Für ca. 4 Personen

40 lebende Krebse
2 EL Kümmel
Dill
Salz

Hinweis:
Großer Topf
Kochzeit ca. 15 Min.
pro Portion

Man wäscht die Krebse in kaltem Wasser und achtet darauf das sie alle leben. Einen großen Topf halbvoll mit Wasser füllen und die Dillstengel und Blüten (wenn vorhanden) und das Salz dazu geben. Den Kümmel in kleine Teebeutel füllen und zubinden. Kocht das Wasser sprudelnd werden die Krebse portionsweise (7–10 Krebse) hineingeworfen. Man kocht sie verdeckt 15 Min. und nimmt sie mit einer Schaumkelle heraus.

Baguette und eine selbstgemachte Mayonnaise, oder Hollandaise sind dazu perfekt.

Natürlich können auch gefrorene Krebse verarbeitet werden.

„… und sollten Sie mal nichts im Hause haben, nehmen Sie einfach einen Kalbsbraten!"

Abendansicht in Riga, Lettland

Fleisch und Geflügel

Die erste bekannte schriftliche Erwähnung eines *Rinderfilet Stroganoff* erfolgte durch *Jelena Molochowetz* in der 1871er-Ausgabe ihres russischen Kochbuchs *Podarok molodym chosajkam* (russ. *„Geschenk für junge Hausfrauen"*). Dort ist das Gericht als eine Art Ragout mit einer aus Schmand enthaltenden Senfsauce beschrieben.

Der in *Sankt Petersburg* tätige Küchenchef *Charles Brière* stellte das *Boeuf Stroganoff* 1891 bei einem Kochwettbewerb in Paris vor. In der Folge wurde es zu einem Klassiker der internationalen gehobenen Gastronomie. Über die anekdotische Entstehung des Filet Stroganoff hat *Friedrich Holländer* ein gleichnamiges humoristisches Couplet geschrieben:

> *„Stroganoff"*
>
> *Ein Großfürst einst am Zarenhoff - wo sonst?*
> *War ein eifersücht'ger Gatte*
> *Der in Omsk, gleich bei Imsk*
> *Um die Ecke rum von von Umsk ...*
>
> *... Lebte auch seine schöne Frau - wo sonst?*
> *Und dass sie schön war, wusste er*
> *Und außer ihm noch Pjotronoff*
> *Und Krotzkoloff und Rotzkoloff*
> *Und Schutzkinoff und Strutzkinoff*
> *Und ganz besonders Schmutschkinoff ...*
>
> *... Stroganoff hat viel zu tun am Zarenhoff - wo sonst?*
> *Und zuhaus' bleibt seine Schuschka*
> *Bleibt in Omsk, gleich bei Imsk*
> *Und nur vierzehn Werst von Umsk*
> *Nich viel los, da in Omsk*
> *Nicht in Imsk und nicht in Umsk*
> *Ganzen Tag liegt sie im Bett ...*
>
> *... Und auf dem Gut, dem Nachbargut*
> *Nicht in Omsk, nicht in Umsk*
> *Bisschen weiter weg, in Imsk*
> *Wohnt besagter Schmutschkinoff - ein Schwein!*
> *Und eines Tages spannte er vor seinen Schlitten*
> *Die schwarze Stute Strasnocha ...*
> *... Und er knallte mit der Peitsche*
> *Und fuhr stracks zur schönen Schuschka auf das Gut ...*

Altenhof, Estland

Ach, leider geniegt nicht, dass über dem Skandalsky
Ich mit Diskretionsky den Vorhang lasse fallsky
Denn unvermutet stand in der Tür Stroganoff
Und aus dem Bett sprang der Liebhaber in hohem Boganoff
Oijoijoi joijoi ...

...Tags darauf sitzt Stroganoff im Kaffeehaus - wo sonst?
Und es fragen ihn die Freunde: „Was war los bei dir in Omsk?
Man hat dich schrei'n gehört bis Imsk!" - Einer sagt sogar bis Umsk
„Und man spricht, dass deine Schuschka
Hat gemacht mit deinem Freund ein bisschen Schmuschka!"
„Bisschen hätt' ich noch verziehen - das ist russisch, echt russisch!
Aber die Vertraulichkeit
Geht zu weit
Tut mir leid

Heda, Wirt! Bring mir ein Filet - aber roh!
Größe: So
Und dazu ein großes Messer
Kann ich zeigen meinen Freunden besser
Mit Messer
Was ich gemacht aus Schmutschkinoff
Hchuit! Hchuit!
Und mit dem Messer - hei-juchhe
Sticht Stroganoff in das Filet
Und kreuz und quer
Und hin und her
Sieht gar nicht wie Filet aus mehr
Ohne Lücke
Haut er es in tausend Stücke
Voller Wut ...

Gut Pajak, Estland

... Stroganoff winkt gnädig jetzt den Küchenchef zu sich:
„Hier mein Freund, mit Dank zurück
Das geborgte Lendenstück
Das im Zweikampf, wie ein Held
Den Ehebrecher dargestellt
Aber jetzt trag's in die Küche ...
... Koch in Tränen, schreit: „Oh je!
Wer wird essen das Haché?
Ist zerhackter Schmutschkinoff, aber kein Filet!"

Ganz zerstickelt liegt's im Topf
Kichenbub mit roten Kopf
Fragt: „Was soll damit gescheh'n?
Was soll ich hineintun noch
Väterchen Koch?"
„Von mir aus, was du willst tu rein
Frisst doch kein Schwein
Ob saure Sahne, Zwiebelring
Ob Paprika, ob Pfefferling!"
Doch als man's auf das Feuer tut
Jeder fragt: „Was riecht so gut?"
Alle Gäste kosten, reiben sich den Bauch
„Hahaha
Will ich auch!
Hahaha
Tu mir eins schmoren!"
So wurde Glanzstück von Souper
Wurde greßtes Frikassee
Wurde Stroganoff Filet
Geboren!
Hei, Hei!

Quelle: You Tube

Boeuf a la Stroganoff

Zutaten:
Für 4 – 6 Personen

1 kg Rindfleisch
200 g Zwiebeln
200 g frische Champignons
100 g saure Gurken
   (Salzgurken)
3 EL Tomatenmark
2 EL saure Sahne
1 EL Butterschmalz
Rinderbrühe und Sherry bei
   Bedarf

Hinweis:

Vorbereitung ca. 30 Min.
Bratzeit variabel je nach
Fleischstück

Je nach Bedarf kann man Filetfleisch, oder Hüftfleisch verwenden. Das Fleisch in streichholzlange nicht zu schmale Streifen schneiden und die übrigen Zutaten würfeln.

Nun wird in einer Cassserole 1 EL Butterschmalz erhitzt und das Fleisch von allen Seiten gut gebräunt. Die Zwiebeln zum Fleisch geben und mit bräunen lassen. Im Anschluß das Tomatenmark, die Champignons und die Gurken hinzufügen. Mit der sauren Sahne abbinden.

Bei Bedarf noch etwas Rinderbrühe zu geben. Das Filet nur kurz braten, das Hüftfleisch benötigt etwas länger (ca. 30 – 45 Min). Etwas Sherry verfeinert den Geschmack.

Als Beilage eignen sich Kartoffeln oder Reis.

Kalbsbraten

Zutaten:

1 1/2 kg Kalbskeule
1 EL Fett
1 EL Mehl
2 – 3 EL Schmand
etwas Wasser

Hinweis:
Vorbereitung ca. 10 Min.
Ofen vorheizen 170°
Garzeit 1 1/2 – 2 Std.
Garprobe mit Bratenthermometer oder langen Holzspieß nach ca. 1 1/2 Std.

Die Kalbskeule wird gewaschen und mit Salz bestreut. Dann legt man sie mit der Oberseite in das Fett, das man im Bratentopf erhitzt hat, lässt sie braun werden, wendet sie um, bräunt die andere Seite und gießt etwas Wasser dazu. Dann schiebt man den Braten in den heißen Ofen, begießt ihn öfters und füllt, wenn nötig, Wasser nach. Nach etwa 1 1/2 – 2 Std., wenn der Braten gar ist, nimmt man ihn aus dem Bratentopf, rührt Mehl mit Schmand zur Soße, schabt den Bratenansatz vom Bratentopf, läßt durchkochen und die Soße durch ein Sieb fließen.

Zum Kalbsbraten ißt man zartere Gemüse und Kartoffeln, die auch mit dem Braten gebacken werden.

Komm-morgen-wieder

Dieses alte Rezept gehört zu den Top Ten der baltischen Gerichte unserer Familien. Warum? Weil der *Komm-Morgen-Wieder Pfannkuchen* den traditionellen Pfannkuchen schnell bei den Kindern überboten hat. Ob es an der besonderen Fleischfüllung liegt, die saftig und rund die Zutaten wohlig miteinander verbindet, oder, ob es die Zubereitung der Pfannkuchen selber ist, die nur auf einer Seite braun gebraten werden und dann befüllt eingeklappt, oder gerollt nochmals in Butter gebraten werden, wissen wir nicht.

Tatsache ist jedenfalls die *Komm-Morgen-Wieder* sind bei Kindern heiß begehrt und können deshalb wieder und wieder gegessen werden.

Der aus *Lettland* stammende *Helmut Graf Lambsdorff* hat in seinem veröffentlichten Rezeptbuch folgende Geschichte zum Besten gegeben, die hier nicht unerwähnt bleiben soll:

... 1928 lebte die Familie von Lambsdorff mittlerweile in Berlin hatte aber die lettische Köchin Eluk mit nach Berlin genommen und die Leibspeise stand oft auf dem Küchenplan. Die Stiefmutter der Kinder, die aus Potsdam stammte verständigte sich mit der Köchin über den Speiseplan der Woche und stellte die Frage: Wann gibt es denn mal wieder „Auf Wiedersehen?" ...

Rathausplatz in Tallinn, Estland

Komm-morgen-wieder

Zutaten:
Für 4 Personen

Pfannkuchenteig:
200 g Mehl
1/2 l Milch
   (od. halb Milch, halb spritziges Mineralwasser)
3 Eier
Salz
Fett zum Braten

Füllung:
250 g gekochtes Suppenfleisch oder Gehacktes
1 Zwiebel
1/8 l Bouillon
1 – 1 1/2 EL Schmand
Salz und Pfeffer

Hinweis:
Gesamtzeit ca. 1 1/2 Std.

Die Zwiebel wird gehäutet, kleingeschnitten und in wenig Fett glasig geschmort.

Das gekochte Fleisch (gute Resteverwertung) wird durch den Fleischwolf gedreht, mit Bouillon, der geschmorten Zwiebel und Schmand vermengt bis eine Farce entsteht, die sich gut verstreichen lässt. Dann kräftig mit Salz und Pfeffer abgeschmeckt.

Die Pfannkuchen werden nur von einer Seite gebraten. Man legt 1 Löffel voll von der Farce auf die braune Seite des Pfannkuchens und klappt von allen vier Seiten den Teig darüber. Wenn alle Pfannkuchen gefüllt sind, brät man die Komm-Morgen-wieder von beiden Seiten schön braun und serviert sie dann.

Hühnerfrikassee

Zutaten:
Für 4 – 6 Personen

1 Suppenhuhn
1 Petersilienwurzel
1 Stück Sellerie
1 – 2 Möhren
1 Dose kleine Championköpfe
1 Glas Spargelköpfe
1 EL Butter od. Margarine
2 – 3 EL Sahne
1 – 2 Eigelb
1 – 2 TL Mehl
Petersilie
Kapern
Salz und Pfeffer

Hinweis:
Gesamtzeit ca. 2 1/2 Std.

Das ausgenommene, gewaschene Huhn setzt man mit soviel Wasser auf, dass es bedeckt ist. Mit dem kleingeschnitten Gemüse und Salz zum Kochen bringen. Nach etwa 1 1/2 Std., wenn das Huhn gar ist, nimmt man es heraus und zerteilt es in mundgerechte Stücke.

Zur Hühnerbrühe gibt man nun die Butter mit Sahne oder Wasser angerührtes Mehl. Einmal kurz aufkochen lassen, bis sich die Sauce bindert. Dann das Hühnerfleisch, Champion- und Spargelköpfe vorsichtig unterheben. Mit Eigelb legieren und mit Salz und Pfeffer abschmecken. Mit Kapern und feingehackter Petersilie dekorieren.

Rehterrine mit verstecktem Hasen- oder Rehfilet

Zutaten:
Für 6 – 8 Personen

400 g Rehfleisch
400 g Rehrücken
  (oder Hasenrücken)
250 g Schweinefleisch
300 g frischer Speck
50 g Toastbrot ohne Rinde
70 ml Sahne
2 EL eingekochter Wildfond
2 EL roter Portwein
1 g Pastetengewürz
1 EL Thymian
1 TL Pökelsalz
80 g Pistazien
2 EL Butter
frisch gemahlener
  schwarzer Pfeffer
8 große möglichst längliche
  Scheiben Schinken

Hinweis:
Vorbereitung ca. 1,5 Std.
Marinierzeit über Nacht
Ofen vorheizen 180°
Garzeit ca. 45 Min.

Für die Terrine das Toastbrot würfeln und in der Sahne einweichen. Das Reh-, Schweinefleisch und dem frischen Speck in große Würfel schneiden und in eine große Schüssel geben. Mit dem Wildfond, dem Portwein, dem Pastetengewürz, dem Thymian sowie dem Pökelsalz vermengen, kräftig würzen und mindestens 2 Std. (am besten über Nacht) im Kühlschrank durchziehen lassen.

Anschließend zweimal durch die Scheibe des Fleischwolfs drehen danach wieder kühlen. Dann die Masse mit den Pistazien vermengen. Den Reh- oder Hasenrücken pfeffern und in einer Pfanne in Butter rundherum anbraten, dann herausnehmen und salzen. Eine Terrinenform mit den Schinkenscheiben auslegen. Die Masse zur Hälfte in die Form legen und in der Mitte eine Rinne formen. Dort hinein den Rücken legen und mit der restlichen Massen abdecken. Die Schinkenscheiben darüber klappen und die Form zu decken. In eine tiefe Bratenpfanne stellen und mit kochendem Wasser bis unter den Rand der Terrinenform anfüllen. Deckel aufsetzen und die Terrine im Wasserbad 45 Min. im Ofen garen, dann herausnehmen und abkühlen lassen.

Dazu passt ein Feldsalat mit einem Honigdressing sehr schön und ein kräftiges Graubrot sowie eine Cumberland Sauce.

Neues Schloss in Sigulda, Lettland

Flickerklopse

Zutaten:
Für 4 Personen

500 – 700 g Hackfleisch
2 Zwiebeln
1 EL Fett
1 EL Mehl
1/2 l Wasser od. Bouillon
1 – 2 EL Schmand
Salz
Pfeffer
Bei Bedarf Kapern

Hinweis:
Gesamtzeit ca. 30 Min.

Die Zwiebeln werden fein geschnitten und im Fett hellbraun gebraten. Darüber stäubt man das Mehl und gibt nach und nach Wasser oder Bouillon dazu, sowie Schmand, Salz und Pfeffer. In die kochende Sauce gibt man das Hackfleisch, verrührt es gut und nimmt es vom Feuer, wenn das Fleisch gar ist. Wenn man möchte, kann man noch mit Kapern abschmecken.

Serviert mit Pellkartoffeln, eingelegte saure Gurken und gekochte Rote Beete.

Jacobskaserne in Riga, Lettland

Kolduny und Pelmenie

Zutaten:
Für 4 Personen

Teig:
250 g Mehl
1 kleines Ei
1/8 l Wasser
Salz

Kolduny:
300 g gehacktes Schweinefleisch
1–2 EL Bouillon
Pfeffer
Majoran
Salz und Pfeffer

Pelmenie:
500 g Pilze
80 – 100 g Butter
1 Zwiebel
2 – 3 EL Schmand
1 Ei
Salz und Pfeffer

Hinweis:
Gesamtzeit ca. 1 Std.

Aus dem Mehl, dem Ei, dem Wasser und etwas Salz wird ein Teig geknetet, der sich gut ausrollen lässt. Für die Kolduny aus Hackfleisch und den anderen Zutaten wird eine Fleischfarce zubereitet. Der vorbereitete Teig wird dünn ausgerollt und mit einem Glasrand werden kleine Kreise ausgestochen, die auf einer Hälfte mit einem TL Füllung belegt werden. Dann werden sie zu Halbmoden geklappt und die Spitzen werden zusammengedrückt. Im kochenden Salzwasser werden sie einige Minuten gekocht. Anschließend können sie in gebräunter Butter gebraten und anschließend mit Schmand serviert werden.

Wenn man die Pelmenie mit Pilzen zubereitet, dann werden die gehackten Pilze mit Butter, Zwiebeln und Schmand in der Pfanne geschmort und anschließend mit einem Ei vermengt und mit Salz gewürzt.

Die weitere Verarbeitung entspricht der Zubereitung der Kolduny.

Kohlpirogge vegetarisch

Zutaten:
Für 6 Personen

Hefeteig:
500 g Mehl,
20 g Hefe oder
 8 g Trockenhefe
1/4 l Milch
80 g Butter
1 TL Salz

Füllung:
1 kg Weißkohl
2 Zwiebeln
1 EL Salz
1 EL Kümmel
1 EL Schmalz
1 rohes Ei
Nach Belieben hart gekochte
 Eier, Ei zum Bestreichen

Hinweis:
Ofen vorheizen 180°
Gesamtzeit ca. 2 Std.

Den Hefeteig wie üblich zubereiten und an einem warmen Ort gehen lassen bis er sich verdoppelt hat. Danach wird er auf einem Backblech fingerdick ausgerollt.

Während der Hefeteig geht, bereitet man die Füllung aus Weißkohl zu. Der Kohl wird auf einem Brett sehr fein geschnitten oder gehackt. Dabei bestreut man ihn schon mit Salz. Schmalz wird in einem großen Topf erhitzt und die klein geschnittenen Zwiebeln zuerst in das heiße Fett gegeben, danach den Kohl mit dem Kümmel. Zuerst läßt man ihn ohne Deckel bei häufigem Umrühren etwas bräunen, legt dann den Deckel darauf und läßt ihn möglichst ohne Wasserzusatz eine kurze Weile schmoren und anschließend abkühlen. Das rohe Ei mit der Kohlmasse vermischen.

Ofen vorheizen auf 180°. Auf der Hälfte des Hefeteigs breitet man die abgekühlte, abgetropfte Kohlmasse und die hart gekochten, grob gehackten Eier aus. Klappt die andere Teighälfte darüber, drückt die Ränder fest, bestreicht die Pirogge mit „zerklopftem" Ei und backt sie etwa 3/4 Std. bei mittlerer Hitze.

Man kann den Teig auch aus Mürbeteig (Piroggenteig) herstellen.

„... Leicht huschte ich übers Wasser wie eine geflügelte Schellente, ich wusste ein goldenes Schilffrohr am Ende des anderen Ufers."

aus *„Die Frau, die durch den Sumpf watet"* (lettisches Johannislied)

Johanni

Johanni

Der Johannistag oder das Johannisfest ist das Hochfest der Geburt Johannes des Täufers am 24. Juni. In *Estland* und *Lettland* wird er nur als *Johanni* bezeichnet.

Das Mittsommerfest beginnt am Abend des 23. Juni und endet am 24. Juni. Verwurzelt in alten Volkstraditionen, markiert der *Johannistag* den Beginn der Heuernte. Der Tag wurde schon lange vor Ankunft des Christentums in *Estland* begangen, und auch wenn das Fest einen christlichen Namen erhalten hat, so ist doch die ursprüngliche heidnische Tradition heute, Hunderte von Jahren später, immer noch lebendig. Er steht in enger Verbindung zur zwischen dem 20. und dem 22. Juni stattfindenden Sommersonnenwende.

Heutzutage ist Johanni ein nationaler Feiertag, der es den Menschen ermöglicht, eine kleine Ruhepause auf dem Land einzulegen. Die Esten beginnen traditionell schon früh mit den Vorbereitungen für das *Mittsommer-Fest*, indem sie Holz für die großen Lagerfeuer sammeln, die zu dieser Gelegenheit überall im Land angezündet werden.

Die Kinder lieben es, bis zum Morgengrauen aufbleiben zu dürfen, und junge Verliebte wandern durch den Wald auf der Suche nach der glückbringenden Farnblüte.

Aus **„Landpartie"** von *Eduard v. Keyserling*

Man ging den Bach entlang; das Schilf begann stärker zu duften, die Fische schnalzten im Wasser, auf dem die Abendlichter verblassten. Das Hinschmelzen der Farben in der durchsichtigen Dämmerung breitete etwas unendlich Weiches und Zärtliches über die Ebene. Das Land wurde sentimental. ....

... Es dunkelte bereits stark. Die Juninacht brach an mit ihrer wunderlichen Dämmerung, in der wir das Land wie durch graue Glasscheiben sehen, der Bach begann zu dampfen, von der Wiese kam ein feuchtes Wehen und brachte das starke, süße Duften der blühenden Gräser und des blühenden Klees mit. In den Saatfeldern huben die Wachteln zu schnarren an, und ringsum im Grase ließen Feldgrillen sich vernehmen, aber zögernd und abgebrochen, als wollten sie ihre Geigen stimmen.

Die Gesellschaft war still geworden. ... Sie schwieg und horchte in sich hinein auf die süße Spannung, welche die Sommernacht mit sich bringt. Alle hatten das Gefühl, als versäumten sie etwas, als ginge eine Erregung durch die Dämmerung, an der sie keinen Teil hatten, als würde ein himmlisches Fest hier gefeiert, zu dem sie nicht geladen waren.

Tallinner Sängerfeld, Estland

Sängerfest und die Dainas

Um die Bedeutung des *Sängerfestes* noch einmal zu unterstreichen, sei ein kleiner Exkurs in die *estnische* und *lettische Volksdichtung* erlaubt.

In Jahrhunderten der Fremdherrschaft stellten Dainas eine wichtige Möglichkeit des *lettischen* und *estnischen Volkes* zur Überlieferung eigener Mythen und der Verwirklichung einer nationalen Kultur dar. Während andere Völker Europas ihre Identität in Wissenschaft, Philosophie und der Literatur finden konnten, blieb den Letten, die ein Volk auf dem Lande waren – die Städte waren deutsch- bzw. russischsprachig – nur das archaische Mittel der mündlichen Überlieferung.

Der Einfluss des erstmals 1862 erschienen Kunstepos „*Kalevipoe*", der vergleichbar mit dem finnischen *Kalewala* ist, beflügelte die Nationalbewegung. Seine Wirkung auf die Literatur, bildende Kunst und Musik Estlands ist von höchster Bedeutung. 1869 wurde in *Tartu* das *1. Estnische Liederfest* veranstaltet, woraufhin sich überall im Lande Liedervereine bildeten, die die Lied- und Chorkultur hervorbrachten.

Dainas sind traditionelle lettische Volkslieder oder Gedichte. Sie sind sehr kurz, selten länger als vier Zeilen, höchstens sechs Zeilen lang. Für die lettische und estnische Kultur und deren ethnischen Bewusstseins sind sie unverzichtbar.

Bühne Sängerfeld in Tallinn, Estland *Freiheitsdenkmal in Riga, Lettland*

Johann Friedrich Herder sammelte während seines Riga-Aufenthalts von 1764 bis 1769 einige Dainas und veröffentlichte sie 1778/79 in seinem zweibändigen Werk *„Volkslieder"*. Sein Verdienst ist die Erhebung des Volkslieds zum Kulturgut.

*„Sonnchen wollt im Meere schlafen,
schwarze Wasser sind die Decken,
Hecht, Du grüner Offizier,
Laufe schnell, es aufzuwecken.
Raderie,raderi, radera*

*Sonnchen wollt im Meere schlafen,
Wo mein Jungchen schlafen muß.
Butte, kleines braunes Frauchen,
Bringe beiden meinen Gruß
Raderi,raderi,radera"*

Mit dem Beginn des *Nationalen Erwachens* der Letten begann die Sammlung und Niederschrift der mündlich überlieferten Dainas. Sie bildeten auch die Grundlage für die beeindruckende Tradition der Sängerfeste im Baltikum, die inzwischen zum Unesco Kulturerbe gehören. Heute sind Schätzungen zufolge rund 1,2 Millionen Dainas schriftlich fixiert.

Zu den Kennern der lettischen Dainas zählt auch die Ethnologin und ehemalige lettische Präsidentin *Vaira Vike-Freiberga*.

„Es muss bemerkt werden, dass für den Letten die Dainas mehr bedeuten, als nur eine literarische Tradition. Sie sind für ihn die Verkörperung des von Vorvätern überlieferten kulturellen Erbes, denen die Geschichte greifbarere Ausdrucksformen verweigerte. Diese Lieder bilden die Grundlage der lettischen Identität und Singen wird zu einer identifizierbaren Eigenschaft eines Letten." (Vaira Vike-Freiberga, Journal of Baltic Studies, 1975, aus Wikipaedia)

Zum Erfolgsgeheimnis der estnischen Volkslieder gehörte auch, dass die dem Finnischen ähnliche Sprache für viel Russen unverständlich war. Dabei gewann die simplen Zeilen wie:

„Das Jahr sammelte ich Lieder, auf den Jaani-Tag wartend.
Nun ist der Jaani-Tag gekommen, nun werden die Lieder gesungen."

Der Sommersonnenwendetag ist auf Estnisch der *Jaani Tag* und nicht nur in Estland ein Symbol für Veränderung und Neuanfang.

Zu den Kennern der lettischen Dainas zählt auch die Ethnologin und ehemalige lettische Präsidentin *Vaira Vike-Freiberga*.

„Es muss bemerkt werden, dass für den Letten die Dainas mehr bedeuten, als nur eine literarische Tradition. Sie sind für ihn die Verkörperung des von Vorvätern überlieferten kulturellen Erbes, denen die Geschichte greifbarere Ausdrucksformen verweigerte. Diese Lieder bilden die Grundlage der lettischen Identität und Singen wird zu einer identifizierbaren Eigenschaft eines Letten." (Vaira Vike-Freiberga, Journal of Baltic Studies, 1975, aus Wikipaedia)

Zum Erfolgsgeheimnis der estnischen Volkslieder gehörte auch, dass die dem Finnischen ähnliche Sprache für viel Russen unverständlich war. Dabei gewann die simplen Zeilen wie:

„Das Jahr sammelte ich Lieder, auf den Jaani-Tag wartend.
Nun ist der Jaani-Tag gekommen, nun werden die Lieder gesungen."

Der Sommersonnenwendetag ist auf Estnisch der *Jaani Tag* und nicht nur in Estland ein Symbol für Veränderung und Neuanfang.

Johannikäse

Zutaten:
Für 4 Personen

1 l Milch
500 g Quark
1 – 2 Eier
1/2 Tasse Schmand
50 g Butter
Salz und Kümmel

Hinweis:
Zubereitung ca. 20 Min.
Über Nacht kühl ruhen lassen!

Man kocht die Milch auf und schüttet den zerkrümelten Quark unter tüchtigem Rühren hinein. Ist die Milch geronnen, gießt man sie auf ein Sieb, das man mit einem Tuch ausgelegt hat. Ist die Molke abgetropft, schüttet man die Quarkmasse wieder in den Topf zurück und gibt nach und nach Butter, Schmand, Eier, Salz und Kümmel dazu.

Die Masse wird am Herdrande tüchtig gerührt, bis sie sich vom Topf löst. Man füllt den Käse in kalt ausgespülte Tassen und stürzt ihn nach dem Erkalten, oder man lässt die ganze Masse in einem Tuch hängend noch etwas abtropfen.

Der Käse hält sich nur wenige Tage.

„Lieberchen,
... was für ein
Schmandengel!"

Baltische Mundart

Hat man das große Glück, einem Baltendeutschen zu begegnen und ins Gespräch zu kommen, so fällt einem gleich die besondere Ausdrucksform auf. Das rollende „R" gepaart mit eigenen Wortkompositionen und den maßlosen Übertreibungen, die sich so im Deutschen nicht finden lassen, machen diese Sprechweise zu einem untergegangenen Dialekt. Diese rührt daher, dass die deutschen Balten zwischen Russland und Deutschland ihre eigentümliche Souveränität bewahrt hatten und diese in Unbekümmertheit, Weltläufigkeit und großer Freiheit zum Ausdruck brachten. Einfach ein erfrischend provozierender und knorriger Akzent.

Hier eine kleine Auswahl von baltischen Wörtern, die als lexikalisches Festival der Erinnerung zu verstehen ist. Es spiegelt eine versunkene Welt wieder, in der teils amüsante, skurrile und nostalgische Launen in Redewendungen auftauchen.

- *„Nicht für goldene Gurken werde ich dort eintreten"* = um keinen Preis.
- *„Schmandengel"* = Ein Geck in einem weißen, oder cremefarbigem Anzug.
- *„Es war eine Lust mit Ihm zu pliggern!"* Pliggern = schlagfertiges Rededuell bestreiten (siehe Seite 97 Stroganoff)
- *„Kulle"* = unmanierlicher Mensch. *„Er ist zwar ein Kulle, aber sonst ganz nett."*
- *„Hotz"* = Ausruf des Staunens, Bewunderung oder Anerkennung. *„Hotz, hast Du kalte Füße!"*
- *„Klunkern"* = zusammenhocken. *„Die beiden klunkern ständig miteinander."*
- *„Kujonieren"* = quälen, belästigen. *„Er kann sich doch nicht so kujonieren lassen, ohne zu reagieren!"*
- *„Krixudull"* = Kritzelei. *„Die Krixudullen an der Wand stammten vom Haussohn."*

Die eigenen Wortkreationen fanden sich auch in den Speisen und auf der Speisekarte wieder. Davon haben wir hier einige aufgegriffen. Interessanterweise finden sie sich auch in der baltischen Nationalküche wieder. So findet sich die heißbegehrte und unvergleichliche Schaumspeise aus Grieß und Fruchtsaft *„Rosa Manna"* als *„Roosamanna"*, oder *Bubbert* wieder. *Bubbert* ist ein Pudding aus Eiern, Milch, Mehl und Zucker, der sowohl in Estland und Lettland weit verbreitet war.

Markthallen in Riga, Lettland

Es gibt Süßspeisen im baltischen Kochbuch, deren Übersetzung unmöglich scheint. Viele Süßspeisen sind sowohl zu den estnischen Nationalspeisen als auch zu den Rezepten im „baltischen Kochbuch" zu finden. Darunter finden sich der *Kringel*, der *Alexanderkuchen*, oder auch *Rosa Manna*, *Bubbert*, *Schmalunz* oder gar *Goggelmoggel*. Die Aussprache dieser Speisen sorgt schon für so viel Schaumigkeit, dass einem das Wasser im Munde zusammenfließt.

Süßes und Desserts

Beeren

Die nördlichen Breitengrade im Baltikum sorgen im Sommer für lange Tage mit intensiver Sonneneinstrahlung. Die Natur ist mit reichem Kiefernbestand, sandigen Böden und feuchtem Klima versehen, was dazu führt, dass alle Früchte und Beeren ein sehr aromatisches Aroma haben. In diesem Zusammenhang ist auf die reiche Beeren- und Pilzernte hinzuweisen.

Preiselbeeren, Johannisbeeren, Schwarze Johannisbeeren und Himbeeren, oder auch Rhabarber werden zu köstlichem *Kissel* (angedickter Fruchtsaft), Kompott, oder Gelee verarbeitet. Kissels verleihen mit ihrer einzigartigen Farbe und Aroma vielen Nachspeisen eine unvergleichliche Note.

Große Kästen voller Beeren aller Arten stehen ausgebreitet vor den wunderschönen alten Markthallen in Riga. Rhabarberkuchen und Kissel im Frühling sind im Leben der Balten unersetzbar.

„Meine Tanten" – von Dr. Bertram

... Estland, soweit der Adel herrscht, hat Chausseen, und Reval, soweit der Bürger herrscht, blieb in dieser Hinsicht tausend Jahre zurück? – Aber das ist schon lange her, vielleicht ist es jetzt besser.–

Endlich fand sich die ganze Gesellschaft wieder beisammen und es war herz- und magenstärkend, als es hieß: Und jetzt zu Tisch! Von wirklichen Tischen war keine Rede, sie hätten sich im Grünen ja lächerlich gemacht. Da ist die Mutter Erde der feste Tisch, und man liegt zu Tisch gleich den alten Römern.

Aus allen Equipagen schleppte man Speisekörbe herbei, und jeder freute sich über ihren Umfang und die sorgfältige Verpackung in blendend weiße Servietten.

„Brüder, lagert Euch im Kreise!" wurde sogleich intoniert und ein Spaßvogel änderte den folgenden Vers in:

„Esset nach der Väter Weise."

Das fand allgemein Beifall, und man lagerte sich in weiches Moos und auf weichen, trocknen Rasen in den Schatten von Eichen und Birken.

Die Frau wortführende Bürgermeisterin öffnete zuerst ihren Speispaudel (Paudel vom polnischen pudelka, Körbchen) und sprach mit einnehmendem Lächeln: „Ich hatte gestern große Wäsche, und habe daher als Anteil zum Picknick eine große Schüssel Rotgericht mitgebracht. Carluscha, lauf recht zu Maddly und bestelle ein paar Botelljen süßen Schmant; Streuzucker hab ich eine große Tüte voll in meinem Ridicül."

Rotgericht, auch „rote Grütze" oder „Kisell" (Kisel ist ganz was anderes, ein estnischer Gallert aus Hafermehl.) genannt, ist ein rund um das ganze Ostseebecken wohlbekanntes und, wenn man will, recht beliebtes Dessertgericht. Und was könnte man nicht alles essen mit Hilfe von Schmant und Zucker! Es ist eine Art Stärklißkleister, so lange es warm ist, und ein Gallert, wenn erkaltet. Die Farbe rührt her von der kaminroten Kranichs- oder Krahnsbeere (Kluckwa), dazu legt man noch Zitronenschale, Kanel und serviert es kalt in architekonischen Formen. Es meckt wunderbar und hat eigentlich keinen anderen Fehler, als daß es spottwohlfeil und daher auf's Gelindeste gesagt, etwas alltäglich geworden ist. – Es wird im letzten Moment aus Verzweiflung gemacht, wenn ein Gast plötzlich kurz vor Tisch erscheint.

Daher wurde die Ansprache der Frau Wortführenden etwas kühl aufgenommen, und es kam mir so vor, als ob alle Damen teils rot, teils blaß wurden. Sie schämten sich gewiß über die Kauserei der Frau Bürgermeisterin.

Die rasche Frau Ratsverwandtin, eine muntere Seele, faßte sich zuerst, lachte und sagte: „Nun, da werden wir an Rotgericht heute nicht zu kurz kommen, ich habe den nämlichen Einfall gehabt."

Und damit deckte sie eine sehr ansehnliche Schüssel auf. Die Damen schwiegen – die Herren sagten „Ah!"

Zu gleicher Zeit zog eine dunkle Wolke an der Sonne vorüber, und jenseits des Golfs, in Finland, donnerte es leise; ein schwüles Gefühl lagerte sich auf die ganze Gesellschaft. Es schien, als ob alles Vergnügen zu Wasser werden sollte. Unbestimmte Ahnungen erwachten.

„Nun, heraus mit dem Braten!" rief ein jovialer Mann, Herr Konsulent Gonsior, den man aber hartnäckig Konnschuhr nannte. – „Wer hat Gemüse? Wild? Fische? Zuerst gebt einen Hering! Eine jebratene Jans wäre auch eine jute Jabe Jottes!"

Niemand antwortete.

Supperdent Blümchen fragte seine Frau milde und salbungsvoll: „Und du, mein Kind, was hast du denn mitgebracht?"

„Rotgericht", sagte sie eiskalt. – „Hm, hm! Also drei Schüsseln dieser allerdings milden Speise!"

„Linda! was hast du?" fragte der barsche Oberlandgerichtsappellationsassessor. „Hörst du nicht? Ich appelliere!"

„Rotgericht!" gestand Lina mit niedergeschlagenen Augen.

„Kreuzdonner und Hagel", brach Kapitän Sundmann los, „vier Schüsseln Rotgericht! – Wer hat Killos! gebt einen Schnaps, Brot!"

„Braten her, Braten her, oder ich fall um, bei der Nacht!" sang Herr Röhrs, ein Handlungsbeflissener, der das damals funkelnagelneue Kommerslied von Studenten aufgeschnappt hatte.

Eine unruhige Bewegung entstand unter den Damen; sie berieten miteinander und gestanden dann halb lachend halb weinend, daß es wie verhext sei; jede hatte Rotgericht gebracht!

„Zehn Schüsseln Rotgericht!" donnerte der Seebär, *„daß Du die Kränke kriegst! Zehn Gesetze Mosis sind nichts dagegen!"* – Seine Frau winkte zur Seite und sagte ihm: *„Der Supperdent hört!"*

Plötzlich verwandelte sich die Szene. Tante Natalie oder Taalchen, eine meiner naiven Tanten, sagte triumphierend: „Ich habe kein Rotgericht mitgebracht!"

„Gott sei Dank", rief alles – „und was haben Sie?"

„Eine Kiste mit Apfelsinen!"

Nun brach aber ein homerisches Gelächter aus. Röhrs wälzte sich im Grase und zappelte mit seinen beiden Spazierhölzern in der Luft. – Jeder macht nun Vorschläge:

„Wir fangen also an mit Rotgericht, dann ißt man Apfelsinen, dann wieder Rotgericht und nomals Apfelsinen zur Abwechselung – dann –"

„Ich protestiere", sagt der Stadtphysikus, „das könnte fürchterliche, unberechenbare Folgen haben!"

Nun wurde das Lachen noch ärger.

„Herr Jehs! Herr Röhrs hat den Lachkrampf!" rief eine mitleidige alterhafte Demoiselle. Seine fünf Kameraden Kochs junge Leute, sprangen ihm zu Hilfe und brachten ihn bei Seite.

Und wie hätte das alles noch geendet, wenn nicht meine Tanten aus der Langstraße mit gewesen wären? „Seid ganz geruhig", sagten sie, „Ihr sollt alle satt werden. Maddly, fix! alle Kessel auf's Feuer! Wir sind in 30 Minuten zurück!" Sie setzten sich auf eine große Liniendroschke und ich mußte mit las Reisemarschall. Wir fuhren rasch auf's ganz nahe Gut, und in einer halben Stunde kamen wir zurück mit einem Sack voll Mandelkartoffeln, einer Herningsfasttage, einem Butterwitsik, zwei viereckigen Flaschen Kümmel, einem bräsigen Schinken, sechzig Eiern und gemahlenem Kaffee und Zucker eine ganze Mitz voll!

Die Herren brauten Punsch und Grog, und es wurde ein Pfännchen von Riesengröße bereitet; ein Gericht, aus Schinken, Heringen, Kartoffeln, feingehackt und mit saurem Schmant überströmt und dann in einen Backofen geschoben, als Révelki Forrschmakk bis tief nach Rußland hinein beliebt und berühmt. Alle wurden satt und die Damen schworen bei ihrer „Taille" von nun an bei jedem Picknick die Rollen erst zu verteilen.

aus *„Baltische Skizzen"* von *Dr. Bertram*, 1904 | Verlag: Franz Kluge, Reval

Kissel

Zutaten:
Für 4 – 6 Personen

500 – 750 g Beeren oder Rhabarber
1 1/2 l Wasser
150 g Zucker
4 leicht gehäufte El Kartoffelmehl
evtl. die Schale einer halben Zitrone

Hinweis:
Saftzubereitung ca. 20 Min.
Gesamtzeit ca. 30 Min.
Kalt stellen!

Das Obst wird mit 1 1/4 l Wasser und der Schale einer halben Zitrone weich gekocht und durch ein Sieb gelassen. Den Saft schmeckt man mit Zucker ab und rührt das mit 1/4 l kaltem Wasser angerührte Kartoffelmehl in die kochende Flüssigkeit. Sowie der Kissel zu kochen beginnt, zieht man ihn vom Feuer, füllt ihn in eine Schüssel und bestreut ihn mit Zucker.

Kissels sind russische Fruchtsuppen und können aus den verschiedensten Sommerfrüchten, wie z.B. Johannisbeeren (rot und schwarz), Himbeeren, Brombeeren, aber auch Pflaumen zubereitet werden.

Kissels können aus ungekochten Säften hergestellt werden, dazu die angerührte Stärke aufkochen lassen und rasch unter die frischen Säfte rühren.

Rosa Manna oder Himmelsspeise

Zutaten:
Für 4 – 6 Personen

500 g Johannis- oder
 Himbeeren (oder eine
 Flasche Fruchtsaft)
Wasser
100 g Manna
 (Hartweizengries)
etwa 100 g Zucker
1 Prise Salz

Hinweis:
Saftzubereitung ca. 20 Min.
Gesamtzeit ca. 30 Min.
Kalt stellen!

Die Beeren werden aufgekocht und durch ein Tuch gelassen. Dann gibt man soviel Wasser hinzu, dass es 1 l Saft ist. Diesen kocht man auf, schüttet unter tüchtigem Rühren Manna hinzu, kocht 10 Min., schmeckt mit Zucker ab und lässt die Speise abkühlen.

Anschließend schlägt man sie mit einem Wispel (Schneebesen) bis die Himmelspeise weißlich und schaumig ist, füllt diese in eine Schüssel und serviert sie mit Vanillesoße.

Schmalunz

Zutaten:
Für 4 Personen

6 Äpfel
3 Eiweiß
200 g Zucker

Hinweis:
Frische Eier verwenden!
Ofen auf 180° vorheizen
Gesamtzeit ca. 45 Min.
Kalt stellen!

Die Äpfel werden im Ofengebacken (30 Min.) gebacken. Dann streicht man sie durch ein Sieb und lässt die Masse erkalten.

Währenddessen das Eiweiß wird mit dem Zucker steifgeschlagen. Das erkaltete Apfelmus mit dem Eiweiß vorsichtig vermischen, sodass eine schaumiges Püree entsteht.

Für ein Pfund Früchte kann man bis zu 4 Eiweiß verwenden. Ist das Obst nicht sauer genug, mit Zitronensaft abschmecken. Dazu Vanillesoße reichen.

Der beste Schmalunz ist der aus Stachelbeeren: mit wenig Wasser kochen, passieren, süßen und steif geschlagenes Eiweiß unterrühren. Die Speise ist eine gute Eiweißverwertung.

Schmalunz besteht aus einem nicht zu flüssigen Obstbrei, der nach dem Erkalten mit Eiweiß steif geschlagen wird. Man sollte sich die Mühe machen und die Äpfel tatsächlich im Backofen zu backen, da das Ergebnis unvergleichlich viel besser ist, als der herkömmliche Apfelkompott in Wasser gegart.

Bubbert

Zutaten:
Für 4 Personen

1/2 l Milch
2 Eier
2 EL Zucker
2 EL Mehl
Vanillezucker
1 Prise Salz

Hinweis:
Gesamtzeit ca. 20 Min.
Schmeckt warm und kalt!

Die Milch wird aufgekocht.

Die Eier trennen und das Eigelb mit dem Zucker schaumig geschlagen. Mit Mehl und etwas Milch verquirlen. Man gibt diese Masse unter Rühren zur heißen Milch und lässt sie einmal aufkochen.

Das Eiweiss steif schlagen und gleichmäßig unter den warmen Pudding ziehen.

Dazu gibt man eine Fruchtsoße oder Kompott.

Tipp:
Nach dem Verzehr wünscht man sich die doppelte Menge!

Goggelmoggel

Zutaten:

1 Ei pro Person
50 g Zucker pro Ei

Hinweis:
Frische Eier verwenden!
Gesamtzeit ca. 5 Min.
Sofortiger Verzehr!

Die Eier werden getrennt und das Eigelb wird mit Zucker im Mixer weißschaumig geschlagen.

Das Eiweiß wird ebenfalls schaumig geschlagen und unter die Ei-Zuckermasse gerührt.

Dieses Dessert ist zum sofortigen Verzehr. Durch die Zugabe von Wodka oder Rum erhält man Eierpunsch.

Jeder der als Kind im Baltikum gelebt hat, erinnert sich an Goggelmoggel. Statt Goggelmoggel könnte man auch Zuckerei sagen, aber wonach klingt das schon. Hier zeigt sich wieder die Finesse der Balten aus etwas „janz jewöhnlichen" etwas ganz Exotisches zu präsentieren.

Zum klassischen Goggelmoggel rührte man das Eigelb mit Zucker im Glas so lange, bis der Zucker nicht mehr körnig war. Diese Art des Zeitvertreibs wurde auch von meiner Mutter an uns Kinder weitergegen, wenn uns mal sooooo langweilig war, dann war Goggel-Moggel Zeit, oder Schmandbonbons, auf die wir später noch zu sprechen kommen.

Hierzu eine schöne Anekdote:
„Rauchend, oder Goggel-Moggel schlagend standen die Freiwilligen bei ihren Pferden. Der Ton des Goggel-Moggel-Schlagens gehörte einfach zu den Geräuschen einer Landwehrtruppe. Man klopfte Eier am Abend, am Morgen, nach dem Stalldienst, zu Mittag, in der Bahn, beim Verladen, in der Marschpause und wenn es ging, auch im Gefecht. Es war eine Manie geworden. Eine sehr nahrhafte allerdings. So griff die Goggel-Moggel-Manie, wie eine ansteckende Krankheit, um sich und wurde schließlich zu einer Art Sport, bei dem Wetten abgeschlossen wurden.

So erzählte man sich, dass bei einer Wette nach dem Mittagessen einer Acht-Eier-Goggel-Moggel verspeiste, selbstverständlich mit Eiweiß und beides mit entsprechender Zuckermenge von seinem Gegner geschlagen. Als Gefäß diente eine mittelgroße Waschschüssel. „Bitte noch…", sagte er, als er damit fertig war."

Mannaflammerie

Zutaten:
Für 4 Personen

500 g Milch
70 g Manna (Grieß)
evtl. 1 Ei
30 g Zucker
Vanillezucker
1 Prise Salz
abgeriebene Zitronenschale
gehackte Mandeln nach
   Geschmack

Hinweis:
Gesamtzeit ca. 20 Min.
Schmeckt warm und kalt!

Die Milch wird in einem hohen Topf aufgekocht. Das Manna unter tüchtigem Rühren hineinrieseln lassen. Der entstandene Brei wird bei niedriger Temperatur ca. 3 Min. gekocht. Vorsicht, brennt leicht an, Rühren nicht vergessen!

Verwendet man ein Ei, wird dies getrennt. Das Eigelb mit Zucker schaumig schlagen und vorsichtig zur kochenden Masse geben, die dann gleich vom Herd genommen wird. Das Eiweiß steif schlagen und vorsichtig unter die Masse heben.

Man schmeckt mit Zucker, Aroma und etwas Salz ab. Dazu isst man Kissel.

Schwarzbrotspeise

Zutaten:
Für 4 – 6 Personen

250 g Schwarzbrot
125 g Preiselbeermarmelade
250 g Schlagsahne
125 g Baiser

Halbe Walnüsse
und frische Beeren nach
Wahl
zum Verzieren.

Hinweis:
Gesamtzeit ca. 30 Min.

Das harte Schwarzbrot wird im Mixer zerbröselt. Schlagsahne steif schlagen. Dann nimmt man eine Glasschale.

Nun wird Schichtweise übereinander gelegt:
das zerbröselte Schwarzbrot | Preiselbeeren |
nicht zu klein zerbröselte Baisers | Schlagsahne |
Schwarzbrot | Preiselbeeren.

Zum Schluss das Topping mit roten Preiselbeeren, Schlagsahnetupfer, zerbröselte Baisers und halben Walnusskernen verzieren.

Mannakröpeln

Zutaten:
Für 4 Personen

1/2 l Milch
50 g Butter
200 g Manna (Grieß)
150 g Zucker
3 Eier
Abgeriebene Schale einer Zitrone
100 g Rosinen
1 Prise Salz
Fett zum Braten

Hinweis:
Gesamtzeit ca. 45 Min.

Drei Eier mit Zucker schaumig schlagen. Milch und Butter kocht man in einem hohen Topf auf. Gibt das Manna, die Zitronenschale, die gewaschenen Rosinen, Salz und zum Schluss die schaumig geschlagenen Eier dazu.

Fett wird in einer Pfanne erhitzt. Man gibt den Teig portionsweise (Eßlöffel) in das heiße Fett. Die Kröpeln werden von beiden Seiten schön braun gebraten.

Straßenszene Riga, Lettland

Buchweizengrütze mit Backpflaumen

Zutaten:
Für 5 – 6 Personen

375 g Buchweizen
1/2 l Wasser
1 EL Butter
1/2 Tasse Zucker
1 Packung Backpflaumen
1/2 l Milch
4 Eier
1 Prise Salz
1 l Milch
Zimt- und Zuckergemisch

Hinweis:
Vorbereitungszeit ca. 20 Min.
Ofen vorheizen 150°
Backzeit ca. 45 Min.

Man setzt Buchweizen mit Wasser auf und lässt ihn kurze Zeit kochen und ausquellen.

Inzwischen präpariert man eine feuerfeste Form mit Butter. Anschließend werden die Eier mit Milch und Zucker verquirlt. Den Buchweizen in die feuerfeste Form geben und die Backpflaumen darin versenken. Zum Schluss die Eiermasse darüber gießen und in dem vorgeheizten Backofen bei 150° ca. 45 Min. backen.

Zum Servieren reicht man kalte Milch, die portionsweise übergossen wird. Mit dem Zimt- und Zuckergemisch bestreuen.

„So stell ich mir Musik vor: wie ein Nahrungsmittel, wie ein Feld voll Weizen."

Arvo Pärt

Backwerk

*„So stelle ich mir Musik vor:
wie ein Nahrungsmittel, wie ein Feld voll Weizen."*
                    Arvo Pärt

Arvo Pärt gilt als einer der bekanntesten Komponisten der Gegenwart. Überall werden seine Werke gespielt, ob im Konzertsaal, bei geistlichen Konzerten in den Kirchen, oder auch als Soundtrack in Kinofilmen.

„Musik ist ein Freund, verständnisvoll, empathisch, vergebend, tröstend, ein Tuch, um die Tränen der Traurigkeit zu trocknen, eine Quelle von Freudentränen, aber auch ein schmerzhafter Dorn im Fleisch und in der Seele."
                    Arvo Pärt

So spiegelt *Arvo Pärt* in seiner Musik auch die Weite der Wiesenlandschaft und das Wasser, den Wald und die immer wieder auftauchenden großen Granitblöcke, die wie aus einer anderen Zeit herausgenommen wirken, wieder. Seine Musik ist auf wenige klangliche Effekte reduziert, entwickeln im Zusammenspiel eine enorme Klangwirkung und verleiten den Zuhörer zur Meditation.

Die Umgebung seiner Heimat *Estland* scheint in vielen seiner Werke unmittelbar. Ein Blick in die Landschaft verrät uns, wie sehr Wasser, Wald und weite Wiesen die Region an der Ostsee und dem *„Finnischen Meerbusen"* prägen. Die Jahreszeiten sind von langen Tagen im Sommer, wie von langen Nächten im Winter geprägt. Im Frühjahr verwandelt sich innerhalb weniger Tage die Natur in eine Art Symphonie, in der alle Pflanzen, Vögel und Bäume ihre ganze Pracht hervorzaubern.

Der *Geburtstagskringel* ist in vielen *baltischen Familien* nicht wegzudenken und gibt dem Geburtstag seinen ganz eigenen unnachahmlichen Duft! – *Safran macht den Kuchen gel!* – Dieser bekannte alte Ausspruch klingt in den Ohren, bei der Zubereitung dieses köstlichen Backwerks. So ist es die intensive gelbe Farbe und sein unvergleichlicher Duft, die den Kringel zur Besonderheit macht. Der Duft, der durch die Räume zieht, wenn der Hefeteig über Stunden an einem warmen Ort auf geht ist eine Verheißung, an die sich auch Geburtstagskinder erinnern, ohne im Baltikum aufgewachsen zu sein. Der Kringel gehört zu den wichtigen Festtagsgebäcken und auch heute sorgt er immer wieder für Freude und Heiterkeit.

Die Zubereitung am Vortag von Geburtstagen zieht sich über mehrere Stunden hin. Wird der Kringel dann nach mehreren Aufgehperioden in den Ofen geschoben, so erfüllt sich nach und nach ein Aroma in der Küche, an dem das Geburtstagskind in wahre Festfreude gerät. Mandeln, Korinthen und der Safran verwandeln die Küche in einen Ort, an dem der Orient Einzug gehalten hat.

Der Blick in den Ofen lässt bangen, ob der prachtvolle Teig seinen Umfang beibehält, um am nächsten Tag in stattlicher Manier auf dem Buffett zu glänzen.

Safran, als Gewürz aus dem Orient eine große Kostbarkeit, war schon auf den Märkten in Riga und Reval erhältlich. Die ursprüngliche Wortbezeichnung „*Zarparan*" bedeutet „*Blüten, so wertvoll wie Gold*". Nicht nur als Gewürz und Aphrodisiakum, sondern auch als Medizien hilft

Geburtstagskringel

Safran gegen Depressionen, Artembeschwerden und Verdauungsstörungen. Doch Vorsicht, die feinen Blütenfäden der persischen Krokusse haben nicht nur das unvergleichliche Aroma und die leuchtend gelbe Farbe, sondern bei übermäßigem Verzehr eine abtreibende Wirkung.

So musste meine *Mutter Maria* sich deutlich erklären, als sie im Nachkriegs-Deutschland beim Apotheker um die feinen Blütenfäden bat. Er schaute sie prüfend an und gab ihr zu verstehen diese nur in sehr geringen Grammmengen verkaufen zu können, worauf meine Mutter ihm fröhlich entgegnete: *„Na hören Sie mal, es geht doch um den Geburtstagskringel meiner Lieben, was denken Sie denn?"*

Die Kostbarkeit aus dem Orient ist eine kostspielige Angelegenheit und übermäßiger Verzehr nicht zu erwarten.

Die Zutaten des Geburtstagskringels finden sich im altbekannten, deutschen Kinderlied wieder:

> *Backe, backe Kuchen,*
> *der Bäcker hat gerufen:*
> *Wer will guten Kuchen backen,*
> *der muss haben sieben Sachen:*
> *Eier und Schmalz,*
> *Zucker und Salz,*
> *Milch und Mehl,*
> *Safran macht den Kuchen gel!*
> *Schieb zu, schieb zu, schieb zu,*
> *schieb in Ofen 'nein.*

Geburtstagskringel

Zutaten:
Für 12 Personen

1 kg Mehl
250 g Zucker
250 g Butter
150 g fein gemahlene Mandeln
1/2 l Milch (lauwarm)
100 g Korinthen
Cardamon
Zitronenschale
0,5 g Safran
1/2 Glas Wasser
2 Stück Hefe oder Trockenhefe
Prise Salz
1 Ei zum Bestreichen
100 g ganze, abgezogene Mandeln

Hinweis:
Vorbereitungszeit ca. 3 Std.
Backzeit ca. 45 Min.

Man bereitet aus Mehl, Milch, Hefe etwas Zucker und Salz einen Hefeteig und lässt ihn gehen.

Inzwischen rührt man die Butter, Zucker und Zitronenschale schaumig und fügt den mit kochendem Wasser aufgelösten Safran durch ein Haarsieb dazu.

Ist der Hefeteig aufgegangen, knetet man alles gehörig durch. Nochmals auf 45 Min. gehen lassen. Schließlich werden die gemahlenen Mandeln, Cardamon und Korinthen dazugegeben. Ist der Teig klebrig etwas Mehl dazu geben, bis er nicht mehr fließt.

Dann formt man einen Kringel, der auf einem mit Backpapier ausgelegten Backblech nochmals 1 – 2 Std. gehen muß.

Schließlich bestreicht man ihn mit einem rohen, verquirlten Ei und steckt halbe Mandeln darüber.

Im kalten Backofen bei 150° 20 Min. backen, danach auf 200° erhöhen und nochmals ca. 20 Min. weiter backen lassen. Den fertigen Kringel in der Nachhitze auskühlen lassen – … damit der Kringel keinen Schreck bekommt!

Safran erhält man in einem arabischen Spezialitätengeschäft günstiger.

Ungeschälte Mandeln werden in einem Topf mit kochenden Wasser übergossen und weichen dort ein. Nach ein Paar Minuten lässt sich die Schale von der Mandel entfernen! Eventuell wiederholen!

Alexandertorte

Zutaten:
Für 12 Personen

250 g Butter
450 – 500 g Mehl
50 g Zucker
1 Ei
350 g Himbeer Konfitüre
30 g weiche Butter

Zuckerguß:
250 g Puderzucker
4 EL Wasser
2 TL Zitronensaft

Hinweis:
Zubereitungszeit ca. 2 Std.
Ofen vorheizen 125° Umluft
Backzeit ca. 40 Min.

In eine Schüssel die gekühlte Butter, Mehl und den Zucker geben zu einem Mürbeteig verkneten. Das Ei hineinschlagen und weiterverarbeiten bis der Teig glatt ist. Dann für 1 Std. in den Kühlschrank stellen.

Den Backofen auf 125° Umluft vorheizen. Den gekühlten Teig halbieren und jeweils zu einem Rechteck ca. 25 x 40 cm ausrollen (Frischhaltefolie hat sich bewährt). Dann auf je ein mit Backpapier ausgelegtes Backblech legen und ca. 40 Min. abbacken. Der Teigplatten muß goldgelb sein.

Eine abgekühlte Teigplatte mit der Himbeer Konfitüre bestreichen und die andere darüberlegen. Das Platten-Manöver erfordert Geschick und weitere hilfreiche Hände sind sinnvoll. Danach das Gebäck mit einem Küchenbrett beschweren bis es ausgekühlt ist. Zuckerguss aus den angegebenen Zutaten bereiten und über die Platte gießen und trocknen lassen.

Der Legende nach soll dieses Gebäck zu Ehren eines Besuches von *Zar Alexander III.* in Riga entwickelt worden sein. Die rautenförmigen Mürbeteigschnitten werden als sehr feines Teegebäck angeboten.

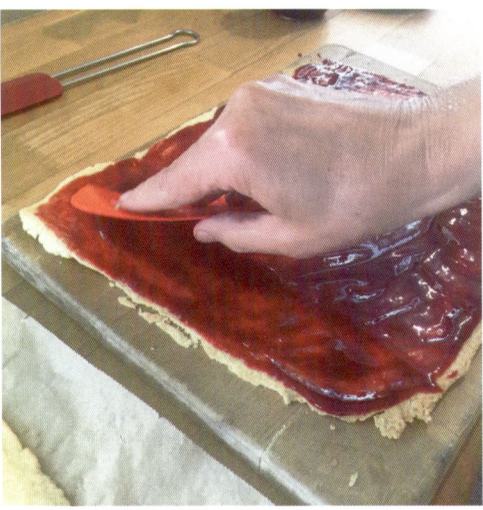

Kümmelkuckel

Zutaten:
Für etwas 20 Stück

500 g Mehl
25 g Hefe
1/4 l lauwarme Milch
50 g Butter
50 g Zucker
1 TL Salz
Butterflöckchen
Kümmel oder grobes Salz
  zum dekorieren

Hinweis:
Zubereitungszeit ca. 2,5 Std.
Ofen vorheizen 200° Umluft
Backzeit ca. 10 – 15 Min.

Das Mehl schüttet man in eine Schüssel und macht eine Vertiefung, in welche man die Hefe krümelt. Danach verrührt man sie mit ein wenig lauwarmer Milch, so dass ein Vorteig entsteht.

Alle übrigen Zutaten verteilt man um den Vorteig und stellt die Schüssel an einen warmen Ort (Heizkörper) bis der Vorteig sich verdoppelt hat.

Nach 15 – 20 Min. knetet man mit den Knethaken des Handrührers alles gehörig durch, bis sich der Teig von den Haken löst. Nun lässt man den Teig zum zweiten Mal ca. 1 Std. aufgehen.

Jetzt mit trockenen Händen kleine runde Kuckel (Bällchen) formen. Damit sie möglichst locker werden, ziehe man sie dabei über den Daumen und lege sie dann rund und schön auf ein mit Backpapier ausgelegtes Backblech. Dann werden sie mit dem zerklopften Ei bestrichen und mit Kümmel, oder grobem Salz bestreut. In die Mitte kommt eine kleine Vertiefung, in die noch ein Butterflöckchen gesetzt werden kann.

Bei 200° werden sie auf der mittleren Schiene in den heißen Ofen geschoben und 10 – 15 Min. gebacken.

Schloss Rundale in Pilsrundale, Lettland

KPM – Kurland

Das Kurland Geschirr

Das inzwischen weit verbreitete Porzellan aus der *Königlichen Porzellan Manufaktur (KPM)* ist einem Auftrag für ein Tafelservice aus dem Jahr 1790 zu verdanken. Der aus dem *Herzogtum Kurland* stammende und mittlerweile reich an Lebensjahren 55 jährige *Peter von Biron* bezog anlässlich seiner Hochzeit mit der jungen *Dorothea von Medem*, auch aus dem *Kurland* stammend, seinen neuen Wohnsitz *Schloss Friedrichsfeld* im Osten Berlins. Für diesen neuen Lebensabschnitt, nach turbulenten Lebensjahren, die ihm in seiner Heimat keinen guten Ruf einbrachten, sollte nun ein Tafelservice bereitgestellt werden, das den modernsten, prächtigsten und neuesten Ansprüchen entsprechen sollte. So entstand das Service mit antiker Kante. Es kann als Hommage an die Welt des Altertums bezeichnet werden, die im Klassizismus so viel Verehrung fand und die Verspieltheit des Rokokos ablöste. Konische und geradlinige Formen und kantige Henkel „*a la grecque*" stehen zusammen mit zarten Reliefbordüren für den Beginn einer neuen Zeit.

Stopfkuckel oder Fastnachtskuchen

Zutaten:
Für etwas 12 Stück

500 g Mehl
1/2 Würfel Hefe
1/4 l lauwarme Milch
1 TL Rosenwasser
70 g Butter od. Margarine
100 g Zucker
1 Ei zum Bestreichen

Die Füllung:
1/4 l süßer Schmand oder Milch
1 El Rosenwasser
80 g Zucker
125 g Rosinen
2 Brötchen
100 g gehackte Mandeln
3–4 Körner Kardamom (gestoßen)

Hinweis:
Zubereitungszeit ca. 3 Std.
Ofen vorheizen 200° Umluft
Backzeit ca. 5 Min.

Man stellt wie üblich einen Hefeteig her (Kümmelkuckel) und formt daraus verhältnismäßig große Kuckel, die man mit Ei bestreicht und backt.

Von den erkalteten Kuckeln schneidet man einen Deckel ab und kratzt mit einem Teelöffel das Innere heraus. Das Innere sammelt man in einer Schüssel, krümelt die beiden Brötchen darüber und gießt kochenden Schmand oder Milch dazu. Ist die Masse gut eingeweicht, fügt man alle anderen Zutaten hinzu und vermischt sie gut. Anschließend füllt man diese Masse in die ausgehöhlten Kuckel, die man mit den Deckelchen zudeckt und noch einmal kurz überbackt.

Wir haben dieses überlieferte Rezept aus Neugierde ausprobiert. Es ist sehr sättigend. Als leichtere Variante empfiehlt es sich, die fertigen Kuckel mit steif geschlagener Sahne oder Vanillepudding zu füllen. Auf jeden Fall sollte das Rosenwasser nicht fehlen!

Nach dem Verzehr des Originalrezeptes hat man allen Grund eine Fastenzeit zu beginnen!

MARZIPAN
GEORG STUDE TALLINN
1864
Georg Johann Studе ostis ära siin 1806. aastast tegutsenud väikese kondiitriäri ning muutis selle edukaks kohvikuks ja kondiitriettevõtteks.
Georg Johann Stude bought the small pastry shop that had been operating here since 1806 and turned it into a successful café and confectionery business.
1865
Kondiitriäri asus valmistama käsitsi maalitud martsipanikujukesi.
The confectionery shop started making hand-painted marzipan figurines.
1876
Georg Stude ostis ära ka kõrvalmaja ning lasi ehitada uue, tänaseni säilinud hoone.
Georg Stude acquired the neighbouring building and had a new one built that has survived until today.
1913
Georg Stude Jr established a luxurious café patisserie on the ground floor.
Valmis kohviku ainulaadne klaaslagi.
The unique glass ceiling of the café was finished.
1940
1960
Esimese korruse kohviku ainulaadne interjöör võeti kaitse alla.
The unique interior of the ground floor café was given protected status.
1977–1984
The building was renovated, and the interior of the ground floor was carefully preserved. The café expanded to the first floor.
1984
Kohvik sai nimeks Maiasmokk.
The café was named Maiasmokk.
Kalev
MAIASMOKK
KOHVIK
2007
Martsipanikujukeste valmistamine jõudis tagasi oma ajaloolise koju kohvikuhoonesse.
Marzipan figurines were once again made in their historical home in the café building.
2010
AS Kalev omandas enampakkumisel Tallinna linnalt Maiasmoka kohviku hoone.
Kalev AS purchased the Café Maiasmokk building at an auction held by the City of Tallinn.
2015
The first floor of the café was given a stylish makeover.
TÄNAPÄEV / NOW
OÜ Maiasmokk on Kalevi kommivabriku omanikfirma Orkla Eesti tütarettevõte.
Maiasmokk OÜ is a subsidiary of Orkla Eesti, the company that owns Kalev chocolate factory.

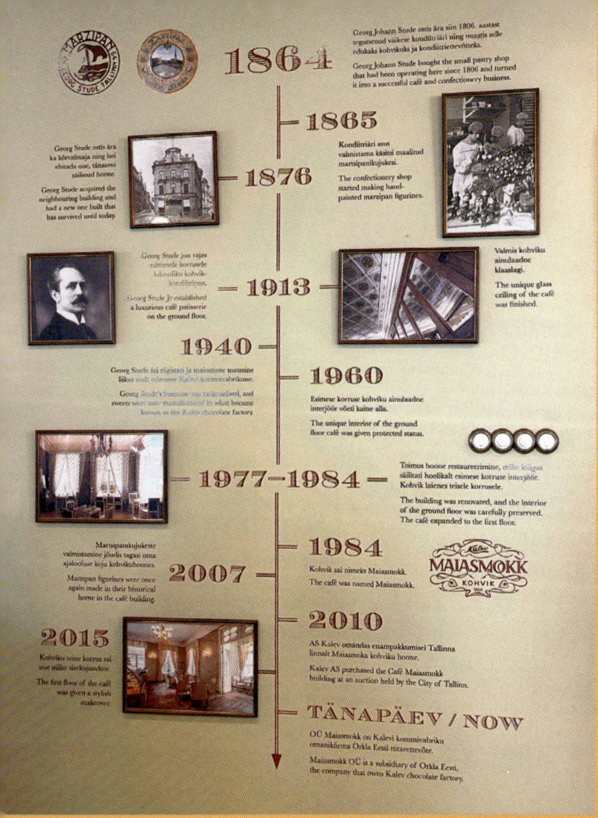

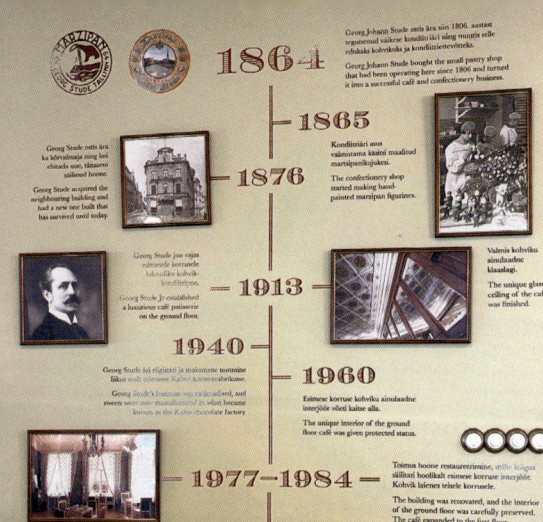

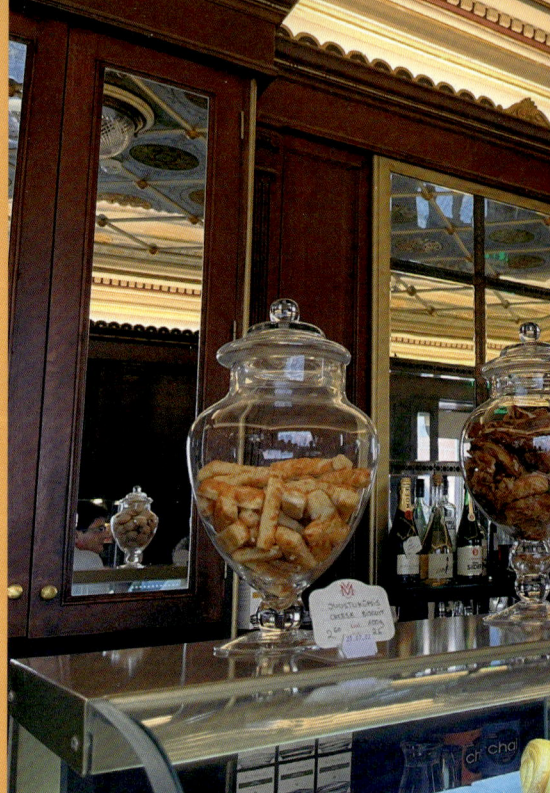

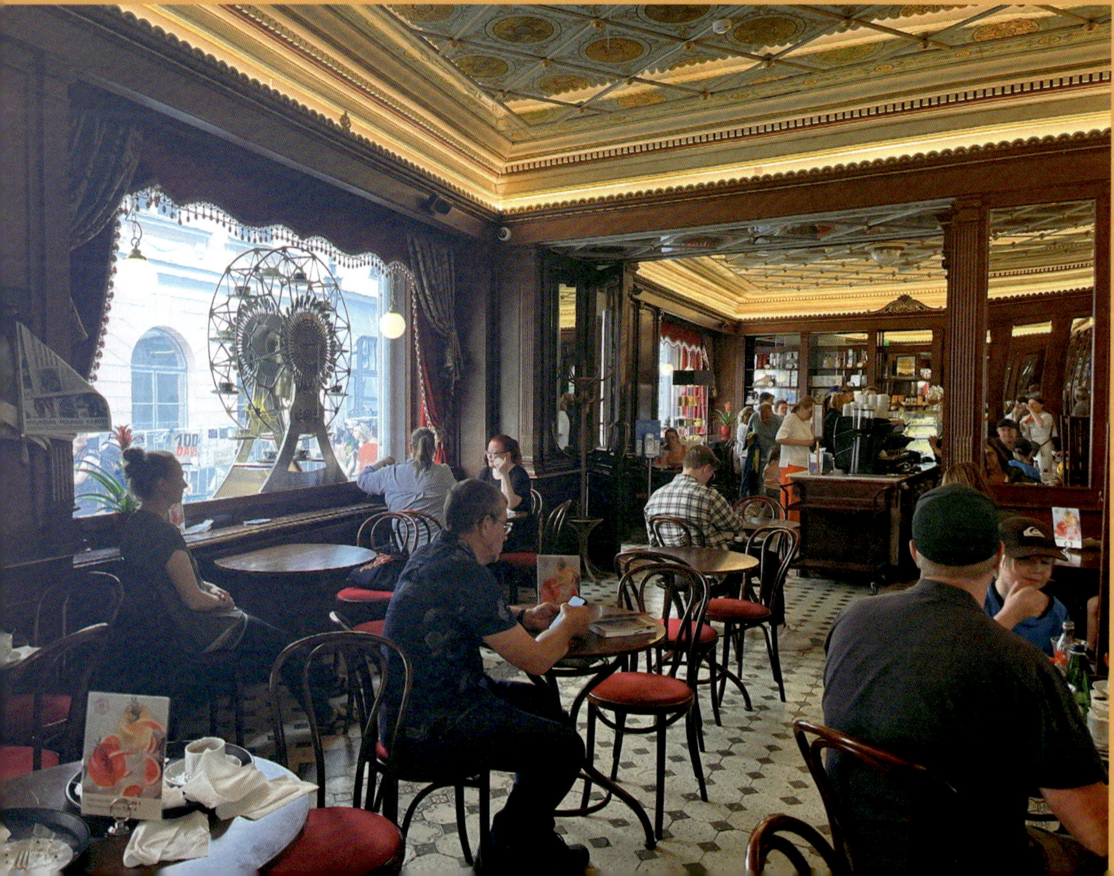

Café Maiasmokk

Das älteste betriebene Café Estlands

In der zweiten Hälfte des 19. Jhdt. wurde in *Reval* (heute: *Tallinn*) von *Konditor Georg Stude* die berühmte Marzipan- und Schokoladenindustrie zusammen mit einem Café gegründet. An der Ecke *Pühavaimu Straße* und *Pikk Straße* gibt es dieses *Café Maiasmokk* (dt. *Leckermaul*) noch heute. Es ist das älteste noch betriebene Café Estlands.

Das Marzipan von *Georg Stude* war weit über die Grenzen des Landes bekannt. Vor Weihnachten war in einem Schaufenster immer eine Szene aus einem *Grimm'schen Märchen* mit lauter Marzipanfiguren aufgebaut und nicht nur Kinder drückten sich ihre Nasen an der Fensterscheibe platt.

Auch heute noch bestaunt man in der Auslage der Schaufenster die hohe Konditorenkunst.

Studescher Stachelbeerkuchen

Zutaten:

Mürbeteig:
200 g Mehl
120 g Butter
80 g Zucker
1 Eigelb
1 MS Backpulver
Zitronenzester

Baiser:
3 Eiweiß
1 1/4 Tasse Zucker
1 Prise Salz
1/4 Tasse Kartoffelmehl

1 1/2 Gläser Stachelbeeren
   abtropfen lassen

50 g gehobelte Mandeln

Hinweis:
Zubereitungszeit ca. 2 Std.
Ofen vorheizen 170° Umluft

Aus den angegebenen Zutaten einen Mürbeteig herstellen und für 1 Stunde kalt stellen. In der Zwischenzeit die gehobelten Mandeln in einer Pfanne goldgelb ohne Fett anrösten. Dann wird der Teig ausgerollt, in eine gebutterte Springform gesetzt und mit einem Rand versehen. Im vorgeheizten Backofen 7 Min. goldgelb bei 170° vorbacken. Etwas abkühlen lassen.

Aus der angegebenen Masse eine Baisermasse schlagen, das Kartoffelmehl gesiebt langsam dazu geben. Dann werden die gut abgetropften Beeren auf dem vorgebackenen Boden verteilt, die Baisermasse darüber gegeben und die gebräunten Mandeln obenauf verstreut. Bei 170° Umluft ca. 45 Min. abbacken, bis das Baiser schön knusprig geworden ist.

Nicolaikirche in Tallinn, Estland

Erbsentorte

Zutaten:

3 Eier, trennen
125 g fein gemahlenen
   süße Mandeln
125 g geschmolzene Butter
125 g feiner Zucker
100 g gelbes Erbsenmehl
3 El Milch (Mandelmilch)

Hinweis:
Zubereitungszeit ca. 1 Std.
Ofen vorheizen 180° Umluft

Die Zutaten gut vermischen und das zu Schaum geschlagene Eiweiß vorsichtig unterheben. In einer mit Backpapier ausgelegten Kasten-oder Springform bei 180° ca. 50 Min. abbacken.

Besonderheit: Dieser Kuchen ist ohne Mehl gebacken und deshalb sehr gut für Allergiker geeignet.

Altia bei Rakvere, Estland

Schmandbonbons

Zutaten:

1 Tasse Sahne
1 Tasse Zucker
1 Pckg Vanillezucker
1 EL Butter

Hinweis:
Zubereitungszeit ca. 20 Min.
Ofen vorheizen 180° Umluft

Man setzt Sahne, Zucker und Vanillezucker in einem schweren Topf/Pfanne zum kochen auf.

Man kocht die Masse unter ständigen rühren so lange, bis diese dicklich wird und zu bräunen beginnt. Zur Probe kann man etwas davon in kaltes Wasser tröpfeln lassen. Wenn sich diese Masse erhärtet kann man sie vom Feuer nehmen – ansonsten rühren, rühren, rühren!

Hat die Masse eine karamelisierte Konsistenz fügt man die Butter hinzu, verrührt sie gut und gießt sie sofort auf ein mit Backpapier ausgelegtes Backblech.

Nach dem Erkalten schneidet man die fertigen Schmandbonbons in beliebige Stücke.

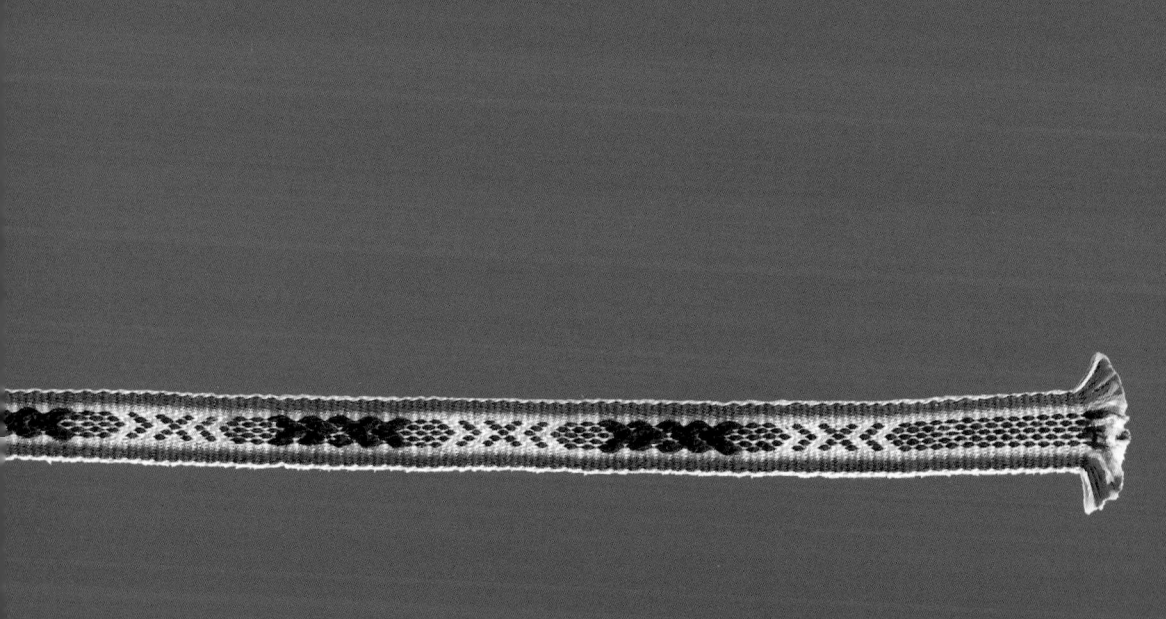

„Aber zum Schluss ist es doch wieder ein herrlich großer ..., und eigentlich der Schönste, den wir bisher hatten, auf jeden Fall schöner als alle Verwandten- und Bekannten- bäume!"

aus „*Weißt Du noch ...*" von Vera v. Sass 1906 in Riga – 2008

Der Christbaumstreit zu Weihnachten
Geschichte des ersten Weihnachtsbaums in Riga, oder Tallinn?

Riga
Dort soll nach einer Legende im Jahr 1510 vor dem Schwarzhäupterhaus die erste öffentlich aufgestellte und geschmückte Tanne gestanden haben. Daran erinnert eine im Kopfsteinpflaster eingelassene Gedenktafel – und neuerdings auch eine Mini-Tanne aus Bronze.

Die Bruderschaft der Schwarzhäupter, in der sich im Mittelalter deutschstämmige Kaufleute versammelten, wollte damals der Stadt zur Wintersonnenwende am 21. Dezember des Jahres eine Tanne zum Verbrennen stiften. Doch der Baum sei so groß gewesen, dass die Flammen womöglich umliegende Häuser gefährdet hätten. Und während über das weitere Vorgehen diskutiert wurde, verzierten Kinder die Tanne mit Stroh, Äpfeln und Wollfäden. Der geschmückte Baum habe allen Bewohnern der Stadt so gut gefallen, dass der Brauch erhalten blieb und von Riga aus die Welt eroberte.

Weihnachtsbaum im Baltikum

Tallinn
Dort betonten die Stadtoberen von Tallinn, dass vor dem Rathaus von den Schwarzhäuptern schon im Winter 1441 eine geschmückte Tanne aufgestellt worden sei – also 69 Jahre früher. Dies sei ein von der Bruderschaft übernommener heidnischer Brauch gewesen, erklärt der estnische Historiker *Jüri Kuuskemaa*.

Über die Anfänge der Tradition entbrennt zwischen den beiden Nachbarländern alle Jahre wieder ein „lebendiger Wettkampf", wie es der lettische Kunsthistoriker *Ojars Sparitis* beschreibt.

Der frühere Leiter des Schwarzhäupterhauses in Riga ist ganz Patriot, wenn es darum geht, wo der erste Weihnachtsbaum stand. Dazu verweist er auf die Chroniken der Bruderschaft: Dort sei von einem „Leuchterbaum" die Rede. Ob dies damals allerdings eine echte Tanne oder vielleicht auch nur eine Holzkonstruktion war, sei unklar, räumt *Sparitis* ein.

Quelle: Handelsblatt 24. Dezember 2017

Kleine Pfefferkuchen

Zutaten:

150 g Rübenkraut
150 g Zucker
100 g Butter oder Margarine
1 Prise Kardamom
1 Prise Nelkenpulver
1 Prise Zimt
Orangenaroma
10 g Pottasche
500 g Mehl
Ei zum Bestreichen

Hinweis:
Zubereitungszeit ca. 30 Min.
Ruhezeit mind. 1 Woche
Ofen vorheizen 150° Umluft
Backzeit ca. 10 Min.

Sirup, Zucker und Gewürze werden aufgekocht. Nach dem Abkühlen gibt man dazu die Pottasche (in etwas lauwarmen Wasser aufgelöst) und das Mehl.

Der Teig wir erst mit dem Knethaken vermengt und anschließend gut geknetet, bis er glänzt. Man lässt in mindestens eine Woche abgedeckt stehen.

Danach wird der Teig erneut weich geknetet. Dies erfordert Kraft, Geduld und warme Hände. Aus dem sehr dünn ausgerollten Teig werden verschiedene Formen ausgestochen, die man mit Ei bestreicht.

Den Ofen vorheizen auf 150° Umluft. Die ausgestochenen Formen auf ein mit Backpapier ausgelegtes Backblech geben und ca. 10 Min. abbacken lassen. Abkühlen lassen und in einer dekorativen Blechdose aufbewahren.

Krixudullchen

Zutaten:

1/2 Glas Zucker
3 Eier
200 g gehackte Mandeln
 oder Nüsse
1 TL Butter
1 Messerspitze Kaneel (Zimt)
1/2 TL Hirschhornsalz
Manna (Gries)

Hinweis:
Zubereitungszeit ca. 15 Min.
Ofen vorheizen 170° Umluft
Backzeit ca. 15 Min.

Eier und Zucker rührt man zu Schaum, gibt Kaneel, Butter, ungeschälte, gehackte Mandeln oder Nüsse, Hirschhornsalz und Manna dazu. Dann setzt mit zwei Teelöffeln kleine Teighäufchen auf ein präpariertes Blech und backt sie etwa 15 Min. bei 170° Umluft.

Abkühlen lassen und in einem dekorativen Glas mit Deckel aufbewahren.

Kleine Pfefferkuchen

Zutaten:

150 g Rübenkraut
150 g Zucker
100 g Butter oder Margarine
1 Prise Kardamom
1 Prise Nelkenpulver
1 Prise Zimt
Orangenaroma
10 g Pottasche
500 g Mehl
Ei zum Bestreichen

Hinweis:
Zubereitungszeit ca. 30 Min.
Ruhezeit mind. 1 Woche
Ofen vorheizen 150° Umluft
Backzeit ca. 10 Min.

Sirup, Zucker und Gewürze werden aufgekocht. Nach dem Abkühlen gibt man dazu die Pottasche (in etwas lauwarmen Wasser aufgelöst) und das Mehl.

Der Teig wir erst mit dem Knethaken vermengt und anschließend gut geknetet, bis er glänzt. Man lässt in mindestens eine Woche abgedeckt stehen.

Danach wird der Teig erneut weich geknetet. Dies erfordert Kraft, Geduld und warme Hände. Aus dem sehr dünn ausgerollten Teig werden verschiedene Formen ausgestochen, die man mit Ei bestreicht.

Den Ofen vorheizen auf 150° Umluft. Die ausgestochenen Formen auf ein mit Backpapier ausgelegtes Backblech geben und ca. 10 Min. abbacken lassen. Abkühlen lassen und in einer dekorativen Blechdose aufbewahren.

Krixudullchen

Zutaten:

1/2 Glas Zucker
3 Eier
200 g gehackte Mandeln
 oder Nüsse
1 TL Butter
1 Messerspitze Kaneel (Zimt)
1/2 TL Hirschhornsalz
Manna (Gries)

Hinweis:
Zubereitungszeit ca. 15 Min.
Ofen vorheizen 170° Umluft
Backzeit ca. 15 Min.

Eier und Zucker rührt man zu Schaum, gibt Kaneel, Butter, ungeschälte, gehackte Mandeln oder Nüsse, Hirschhornsalz und Manna dazu. Dann setzt mit zwei Teelöffeln kleine Teighäufchen auf ein präpariertes Blech und backt sie etwa 15 Min. bei 170° Umluft.

Abkühlen lassen und in einem dekorativen Glas mit Deckel aufbewahren.

Eigene Notizen:

Eigene Notizen:

Eigene Notizen:

Quellen:

Helmut Graf Lambsdorff „Komm morgen wieder"
ICP Fachbücher-Brüssel, Belgien | 2.Auflage

Werner Bergengruen „Schnaps mit Sakuska"
Arche Verlag, Zürich | 1986

Eduard von Keyserling „Landpartie"
Manesse Verlag | 2018

Patrik von zur Mühlen „Baltische Geschichte in Geschichten"
Verlag Ecce Revalia | 2006

Berend von Nottbeck „1001 Wort Baltisch"
Verlag Wissenschaft und Politik, Köln | 1987

Gita Maria von Hülsen, Marie-Luise Schmick
„Unvergessliche Fest Menüs"
Falken Verlag

Bernd Kliebhan „Foodblog Ninas Kochlust"

Barbara Bieberstein „Kochbüchlein"
Neutron Verlag Michelstadt

Vera von Sass „Weißt Du noch ..."
Harry von Hofmann Verlag

Herbert von Blanckenhagen „Erinnerungen aus Alt-Livland"
Vandenhoeck & Ruprecht, Göttingen | 1966

Dr. Martin Pabst „Online Magazin Nordisch info"

Impressum

Idee + Konzept:
Verena Meyer zu Eissen + Susanne Adam-von Haken

Rezeptesammlung aus Veröffentlichungen von:
Brigitte von Samson-Himmelstjerna
Gita Maria von Hülsen
Valesca Hagen
Barbara Bielenstein
Praktisches Mitauer Kochbuch von 1876

Fotografie:
Verena Meyer zu Eissen
Susanne Adam-von Haken
Hubertus, Josephine, Antonia Adam
Markus Hauptmann
Dr. Martin Pabst
Orange Weekends, CC BY-NC 2.0

Gestaltung:
Dipl. Des. Hubertus Adam

Bibliografische Information der Deutschen Bibliothek
Die Deutsche Nationalbibliothek verzeichnet diese Publikation in der Deutschen Nationalbibliografie; detaillierte bibliografische Daten sind im Internet über http://dnb.d-nb.de abrufbar.

ISBN 978-3-7308-2070-4

© 2023 Isensee Verlag, Haarenstraße 20, 26122 Oldenburg
Alle Rechte vorbehalten
Gedruckt bei Isensee in Oldenburg